谨以此书献给

带我走入语言学殿堂的前辈师长、

令人百读不厌的语言学经典著述、

一起为语言智能而探索的同学们！

本书在语言大数据和人工智能的知识体系下,将语言学和汉语的基本问题,用对话的形式来讨论,步步推进,深入浅出地揭示语言的神奇与奥妙。对语言学、现代汉语、词汇语义学、计算语言学等方向的科研人员、本科生、研究生具有较高参考价值。

楔形文字印章，形成于公元前 2000–前 1000 年，摄于波士顿艺术博物馆

楔形文字泥版，约公元前3000年，取自网站 https://cdli.ucla.edu/

玛雅石刻，摄于哈佛博物馆

古埃及石碑，摄于波士顿艺术博物馆

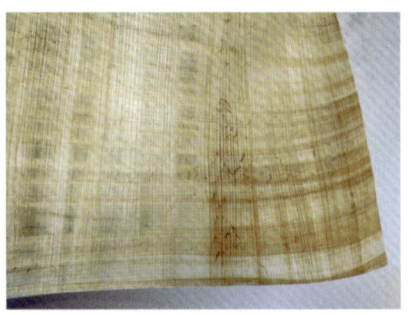
现在埃及新制的由纸莎草编织而成的纸，摄于作者办公室

古埃及石碑，摄于意大利佛罗伦萨古埃及博物馆

古埃及纸草书,铭文体,摄于柏林博物馆岛

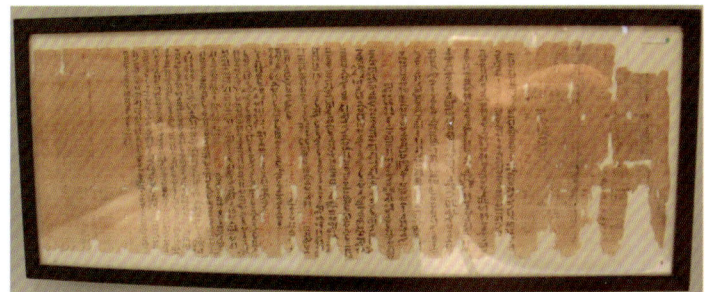

古埃及纸草书,僧俗体,摄于柏林博物馆岛

古埃及的笔、砚、纸草书残片,摄于柏林博物馆岛

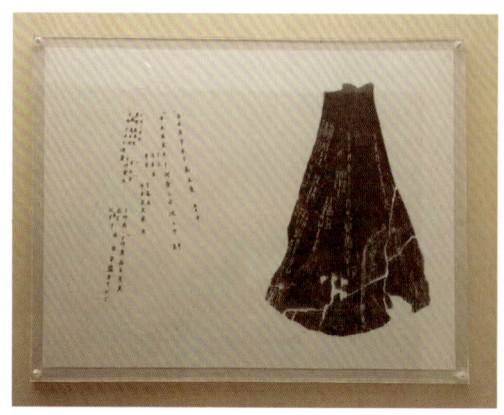
商朝甲骨文及其拓片,摄于上海博物馆

公元8世纪的玛雅文字,摄于美国大都会博物馆

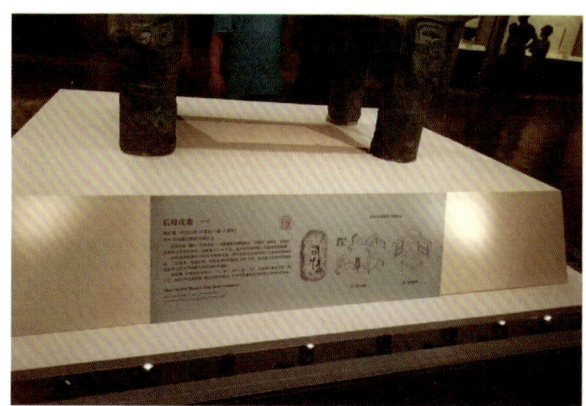
后(司)母戊鼎上的铭文,摄于中国国家博物馆

李斌 著

# 语言探秘

南京师范大学出版社
NANJING NORMAL UNIVERSITY PRESS

图书在版编目(CIP)数据

语言探秘 / 李斌著. ——
南京:南京师范大学出版社,2018.12 (2020.4重印)
(语言与智能新视野系列)
ISBN 978-7-5651-3968-0

Ⅰ.①语… Ⅱ.①李… Ⅲ.①语言学－研究 Ⅳ.①H0

中国版本图书馆 CIP 数据核字(2018)第 298238 号

| 书　　名 | 语言探秘 |
|---|---|
| 作　　者 | 李　斌 |
| 责任编辑 | 于丽丽 |
| 出版发行 | 南京师范大学出版社 |
| 地　　址 | 江苏省南京市玄武区后宰门西村 9 号(邮编:210016) |
| 电　　话 | (025)83598919(总编办)　83598412(营销部)<br>83598297(邮购部) |
| 网　　址 | http://www.njnup.com |
| 电子信箱 | nspzbb@163.com |
| 照　　排 | 南京理工大学资产经营有限公司 |
| 印　　刷 | 南京工大印务有限公司 |
| 开　　本 | 880 毫米×1230 毫米　1/32 |
| 印　　张 | 7.25 |
| 字　　数 | 162 千 |
| 版　　次 | 2018 年 12 月第 1 版　2020 年 4 月第 2 次印刷 |
| 书　　号 | ISBN 978-7-5651-3968-0 |
| 定　　价 | 35.00 元 |
| 出 版 人 | 张志刚 |

南京师大版图书若有印装问题请与销售商调换
版权所有　侵权必究

# 冯 序

我怀着极大的兴趣通读了李斌博士的新著《语言探秘》。语言确实充满了奥秘,值得我们深入地探索。

丹麦哥本哈根学派的叶尔姆斯列夫(L. Hjelmslev)在他的《语言理论导论》(*Prolegomena to a Theory of Language*)一书中,曾经这样赞美语言:"语言是人类社会基本的和最不可少的基础……在我们的意识第一次觉醒之前,语言就是我们的回声,它反映我们思想的第一次温柔的喃语,从日常活动一直到最细腻、最甜蜜的时刻,它寸步不离地伴随着我们……语言不是伴随人的外部现象。它十分紧密地跟人的理智联系在一起。它是个人和部族继承下来的财富。"他又说,"语言,即人的话语,是永不枯竭的、方面众多的巨大宝库。语言不可与人分割开来,它伴随着人的一切活动。语言是人们用来构造思想、感情、情绪、抱负、意志和行为的工具,是用来影响别人和受别人影响的工具,是人类社会的最根本、最深刻的基础,同时语言又是每个人的最根本、不可缺少的维持者,是寂寞中的安慰。在十分苦恼时,诗人和思想家是使用独白来解决思维矛盾的。在我们有意识之前,语言就已经在我们耳边回荡,准备环抱我们最初思想的嫩芽,并伴随我们的一生。不论是平常最简单的活动,还是最崇高的事业,或者私人生活,人们一分一秒也离不开语言。是语言赋予我们记忆,我们又借助于记忆而获得温暖和力量。然而,语言不是外来的伴侣,语言深深地藏在我们的脑海之中,它是个人和家族继承下来的无穷记忆,是有提醒和警告作用的清醒的心智。而且,言语是个人性格的明显标志,不论是何种性格;它又是家族和民族的显性标记,是崇高人性的特殊标志"。叶尔姆斯列夫还说,"语言在个人、家庭、民族、人类及生活本身中扎根如此之深,以致使我们忍不住提出这样的问题:语言是否不仅是现象的反映,而且也是这些现象的体现——也就是产生出这些现象的种子"。①

语言如此美妙,如此有用,按理说,每一个学习和使用语言的人都应当对语言学兴趣盎然。可是,现在大学里的语言学课程却不太受学生的欢迎,不少学生都觉得语言学是一门索然无味的课程。李斌博士的这本《语言探秘》,没有按大学教材的方式来写,而是通过语言学家林贵思博士和小狗罗奇的对话,一步一步地把读者引入语言的殿堂,饶有趣味地揭示出语言的奥秘。学习语言学课程的读者如果同时也读一读这本《语言探秘》,不仅不会再有索然无味的感觉,而且将会产生学习和研究语言的兴趣,还会激起学习和研究语言的热情。

本书共有五个部分。

第一部分"语言的产生与发展",讲述了词汇和语法的发展,特

---

① L. Hjelmslev. *Prolegomena to a Theory of Language*[M]. Baltimore: Waverly Press, 1953.

别是介绍了苏美尔文字、古埃及文字、玛雅文字,其中的许多古文字照片都是作者在国内外的博物馆亲自拍摄的,拓展了我们的眼界。

第二部分"信息时代的语言新视野",讲述了信息时代中语言符号的电子化表达方式、语言与大脑的关系,特别是解释了语言的经济性原理和霍夫曼编码方法。

第三部分"语言与信息论",讲述了香农的信道理论,介绍了图灵测试和齐夫定律,并分析了活字印刷的原理。

第四部分"语言的数学建模",讲述了现代语义学的原理,分别介绍了谓词逻辑、比喻、借代和语义选择限制等语义形式描写方法。

第五部分"语言信息处理",讲述了计算机汉字输入的原理,分别介绍了搜索引擎、自动分词、机器翻译等语言信息处理的技术。

李斌博士是语言学专业出身的,具有文科背景,几年来,他不断地进行更新知识的再学习,又到美国进修计算机科学专业,从而逐渐改变了他自己原来的知识结构,成为兼通语言学和计算机科学的新一代语言学家。这本《语言探秘》,是他近年来在研究实践中对于语言的奥秘进行深入思考的产物。

李斌在《语言探秘》这本书中还给我们讲述了一个饶有趣味的故事。他介绍说,在1988年的一次自然语言处理评测讨论会上,美国著名语音识别专家贾里尼克(F. Jelinek)在报告他的语音识别系统研究工作时,说了一段很尖刻的话,贾里尼克说:"每开除一个语言学家,我的系统性能就提高一些。"贾里尼克对于参加语音识别系统研究的语言学家,采取了嗤之以鼻的蔑视态度。

我是研究自然语言处理的,当然也很关注贾里尼克的研究,拜读过他的论文。他曾经使用隐马尔可夫模型(Hidden Markov Model, HMM)等统计方法来研究英语的语音识别,有效地降低了误识率,大大地提高了正确率,一举把英语语音识别提高到实用的水平,他也因此而成为美国工程院院士。我非常钦佩贾里尼克的杰出成就,可是,贾里尼克为什么会说出这样的话呢?

对此,李斌在书中做了这样的分析,他指出,"传统语言学家由于不太了解计算机的算法模型,他们提出的很多解决方案反而拖后了开发的进程,降低了系统的性能"。因此,贾里尼克才说出这样尖刻的话。

我同意李斌的意见,有的传统语言学家确实不太了解计算机的算法模型,他们对语音识别系统和其他的自然语言处理系统提出的很多解决方案只是他们一厢情愿的想法,却又自认为他们的方案很有用,可是实际上这是不可能在计算机上实现的,一旦采用他们的方案,必定会拖了语音识别和其他自然语言处理研制的后腿,降低系统的性能,造成欲益反损的严重后果。因此,这样的语言学家遭到贾里尼克的奚落,也就不足为奇了。

我认为,贾里尼克在他的报告中奚落的是那些不懂计算机算法而且又不愿意更新知识的语言学家,如果语言学家也学习计算机的算法,与时俱进,更新知识,把计算机算法与语言学规则结合起来,就不至于受到贾里尼克的奚落了。

就在贾里尼克发表奚落语言学家言论的五年之后,1993 年 7 月在日本神户召开了第四届机器翻译高层会议,英国著名学者哈钦斯(J. Hutchins)在会议的特约报告中指出,自 1989 年以来,机器翻译的发展进入了一个新纪元。这个新纪元的重要标志是在基于规则的技术中引入了语料库方法。这种建立在大规模真实文本处理基础上的机器翻译要使用统计技术,叫作统计机器翻译(Statistical Machine Translation,SMT)。统计机器翻译是机器翻译研究史上的一场革命,它把自然语言处理推向一个崭新的阶段。哈钦斯在他的报告中并没有奚落语言学家,而是号召语言学家学习语料库的方法,更新自己的知识。

在统计机器翻译的研究中,由于有语言学家参与语料库的加工,有效地提高了语料库的质量;由于有语言学家在统计方法中导入了可计算的短语规则和句法规则,克服了数据稀疏的缺陷。在参与统计机器翻译研制的过程中,不少语言学家通过努力学习计算机算法的理论和技术,不断地进行更新知识的再学习,成为兼通语言学和计算机科学的新型语言学家。

语言学家更新知识之后,贾里尼克也改变了对于语言学家的偏见,他在2004年发表了一次演讲,演讲的题目是"我的一些最好的朋友是语言学家",他在演讲的最后说:"物理学家研究物理现象,语言学家研究语言现象。工程师要学会利用物理学家的真知灼见,而我们则要学会利用语言学家的真知灼见。"可见贾里尼克在十六年前奚落的并不是所有的语言学家,而是那些故步自封并且不愿意更新知识的语言学家,我们不应当苛责贾里尼克。为了适应信息时代语言学研究的新发展,语言学家有必要进行更新知识的再学习,努力完善自己的知识结构,这应当是信息时代的语言学家责无旁贷的任务。

目前,基于多层神经网络的、以大数据作为输入的深度学习

(Deep Learning)方法引入机器翻译中。这是一种新型的机器自动学习。深度学习的训练方式是无监督的特征学习,使用多层神经网络的方法。这种多层神经网络是非线性的,可以重复利用中间层的计算单元,减少参数,计算机从海量的大数据中可以自动地产生模型的特征和算法。

词向量(Word Vector)是多层神经网络的一种重要方法,词向量把单词映射为一个固定维度的向量,不同的词向量构成词向量语义空间,在这个词向量语义空间中,语义相似的单词距离会比较近。美国机器学习研究者米克罗夫(T. Mikolov)发现,如果用"意大利"这个词语的属性向量减去"罗马"这个词语的属性向量,再加上"巴黎"这个词语的属性向量,就能得到"法国"这个词语或者相近词语的属性向量。类似地,如果用"国王"的属性向量减去"男人"的属性向量,再加上"女人"的属性向量,就能得到"王后"的属性向量。词向量的计算结果竟然与人们对于语言词汇的理解直觉很接近,这是非常令人振奋的结果,因为米克罗夫事先并没有刻意地做这样的安排。但是,其中的奥秘究竟如何,还有待我们进一步探索。

2007年以来,采用深度学习的方法,以大规模的双语对齐的口语语料库作为语言知识的来源,从双语对齐的口语语料库中获取翻译知识,统计机器翻译又进一步发展成了神经机器翻译(Neural Machine Translation,NMT)。口语神经机器翻译正确率已经超过了90%,针对日常口语的神经机器翻译已经基本上可以付诸实用了。

然而,在这种神经机器翻译中,语言之间的翻译细节还是一个黑箱(black-box),尽管翻译的结果不错,但是研制者对于其中的语言处理机制仍然是不清楚的,在语言学理论上还难以做出科学的解释。探索这个黑箱的奥秘,当然需要语言学家的参与。

在自然语言处理中,类似的语言奥秘数不胜数,需要我们进一步探索,语言学家在自然语言处理的研究中是大有可为的。

李斌的《语言探秘》一书给我们揭示了语言的很多奥秘,语言中还有大量的奥秘等待我们去发现,去研究,去解释。希望读者在阅读了本书之后,积极地投身到语言探秘的研究工作中去,为语言学的新发展贡献出自己的聪明才智。

冯志伟
2017年10月于德国海德堡

# 前言

　　这是一本探索语言奥秘的书。不同于一般的语言学教材和专著的地方在于,这本书不仅追求知识的基础性、针对性,而且更像一本旅游探险小说,采用林贵思博士和小狗罗奇两位虚拟主人公对话的形式,以"是什么?为什么?"为主线,剖析我们习以为常的语言。这本书与其说是追求结论或答案的确定性和可靠性,不如说是将各种不确定性用对话的方式组织起来,与读者一起思考和探讨语言的奥秘。

　　本书是笔者多年来教学、科研与思考的总结。书中相当多的内容,源自作者的科研成果和师生之间的讨论。在这个信息爆炸的年代,国内外语言学著作多如牛毛,穷一生之时也难以卒读,何况初步了解语言学的学生,难以分辨语言学论著的优劣,往往陷入各种不同的理论甚至杂说之中,难以系统地理解与把握语言学的主要问题和发展脉络。于是,我们干脆放弃新时代的论文海读战术,代之以传统的问答推敲,将语言学和汉语的基本问题贯穿起来,从语言、历史、生物、计算、认知等多重视角展开讨论,激发师生的研究和学习热情。不过,海阔天空地讨论,使得本书的内容超出

了正统学术讨论的范围,很多都不是定论,只是推理、猜想甚至遐想,与一般的教材、专著的形式与内容差异较大,适合作为进行课后阅读与思考的材料。我们尝试着用讨论的方式来引起读者的兴趣与思索,从整体上思考语言问题,涉及语言的产生、发展、理解与生成、文字与书写载体、拼音、英汉之间的关系、英语学习、古汉语的谜题等,特别是从数学的角度探讨了语言的特性,以及语言的计算与应用。所以,比较适合对计算语言学或中文信息处理感兴趣的学生。当然,这种对话体的写法比较特殊,笔者希望聆听读者的批评与批判,反思与辩难才是学问精进的主要方式,我们甘愿多受批评。

本书适合修习过一两门语言学课程(如《现代汉语》《语言学概论》)以上水平的本科生、研究生阅读。对于没有任何语言学基础的人来说,此书有一定难度。一些语言学的基本术语,如实词、虚词、语法等,可参考黄伯荣、廖序东主编的《现代汉语》,邵敬敏主编的《现代汉语通论》,霍凯特的《现代语言学教程》等语言学著名教材。

本书的写作历经四年,其间断断续续,主要依靠寒暑假的空档作战,把每个学期新的想法写出来。此书并非计划中的产物,而源于一时的写作冲动。有一年暑假,正巧有一个星期,我一个人在家,忽然有了写作的欲望。开始只是想把脑子里关于语言学的很多思考记录下来,但脑海里不停地出现两种声音,在讨论、在争论,一主一客,滔滔不绝。于是,本书就自然而然地采用了对话体。没有写作大纲,没有预定的写作计划,就这样流水账一般地记录脑海里的声音。那一周天气炎热,空调不给力,大汗淋漓之中,一口气写了四万字,成了本书的雏形。之后,不到文思泉涌之时便不动笔,忽而一小段,忽而一大段,就这么写了出来。待到七八万字,草稿初定,恰逢南京师范大学出版社有意出版几本计算语言学的书,便毛遂自荐了这本语言学通识读物,做了一些文字补充和体例上的修缮。然而没想到的是,编制本书的目录成了一件苦差,经百般思量也只能大概地给出主人公讨论的主题线索作为目录中的标题,不足之处,恳请读者海涵。书中的插图多为笔者于美国访学和出国参会期间探访著名博物馆时拍摄,均注明拍摄场所。

书中的两位主人公身份写作初期就已经在笔者的脑海里有了明确定位,一位是年轻的语言学家,一个是活泼可爱的小狗,逻辑特别棒。他们一直在脑海里对话,笔者在写作初期仅仅记录为语言学家和狗,考虑到出版需要,几经思量,就用音译的方法来命名,即英文的 linguist(林贵思)和 logic(罗奇)。也许这两个名字并不太好,也在此恳请读者朋友给他们起更好听的名字。小狗会说话,显得不科学,权当是一种文学色彩或调味剂吧。这二位主人公的形象设计也是颇费脑筋,为了能让读者有更直观的感受,笔者与设计师反复协商找灵感,修改数稿之后方成现在的样子。

此书的完成要感谢所有跟我传授过、讨论过语言学问题的老师和学生。这里特别要感谢两位恩师。陈小荷教授把我带入了计算语言学的殿堂,授之以渔。笔者的渔猎之功虽未熟练,但先生的精于学术、乐于编程、对人对言的开放与宽容,给予弟子莫大的精神动力与探索空间。感谢陈家骏教授惠允我在自然语言处理组常年听课讨论,又做了三年博士后,不只是弥补了我在理科方面的诸多短板,他还常把自己多年的语言感悟相告于我或与我讨论。比如,什么是词,什么是句子,为什么汉语句子会一逗到底,现代汉语中的词从哪儿来的,为什么和古代的差别那么大,等等。这些皆是语言和汉语的基本问题,给了我很多思考的空间。其次要感谢语言学的同事,我的许多不切实际的想法,经常与苏芃、宋益丹交流。

他们一位是古文献好手,一位深耕方言学,与他们相商,在材料、方法上收获巨大。感谢和我一起探讨语言问题的汉语言专业本科生和计算语言学方向的研究生同学们,是你们的问题促使我思考,在与你们的对话中收益颇丰。感谢我的家人,为我在家务和陪伴上的欠缺说一声感谢和抱歉,感谢夫人为我联系专业美工,设计了精美的人物形象。

感谢冯志伟教授在百忙之中给我的小书作序。冯先生是计算语言学领域的资深学者,多年来给予我们的研究很多具体建议和帮助,已使我在学业上受益匪浅。序言中把贾里尼克的故事讲得更完整、更精彩。而先生在写完序言后,更是给了本书许多具体的修改建议,比如把香农的理论阐述为"信息通道模型"更适合一般读者等等,使得这本书更加通俗易懂。

希望读者朋友对这本小书不吝指正,将书中的错误或希望讨论的问题发给笔者(邮箱:libin.njnu@gmail.com),不胜感激。

2017年暑假于金陵随园

# 目 录

冯　序 …………………………………………… 1
前　言 …………………………………………… 1

## 语言的产生与发展 …………………………… 1
  词与物 ………………………………………… 4
  词汇的发展 …………………………………… 8
  语法的产生 …………………………………… 13
  词汇暴涨期的语言发展 ……………………… 16
  人名问题 ……………………………………… 20
  同音问题与造词法 …………………………… 23
  一音多义与一词多义 ………………………… 27
  文字的产生 …………………………………… 30
  书写介质的发展 ……………………………… 34
  造字之难：能言与能画 ……………………… 36
  古汉语之谜：1个字 = 1个词 = 1个音节 … 41
  苏美尔、古埃及的造字法 …………………… 48
  汉语外来词 …………………………………… 55
  文白分立 ……………………………………… 59
  大词汇量时期 ………………………………… 61

数学的语言 ·············· 64
音乐的语言 ·············· 68

## 信息时代的语言新视野 ·············· 71
语言的数字化存储 ·············· 73
语言的神经机制 ·············· 76
世界语与语言的未来 ·············· 86
语言的经济性与霍夫曼编码 ·············· 88
人类的知识载体 ·············· 93
语言大战 ·············· 96
英语的特殊学习方法 ·············· 100

## 语言与信息论 ·············· 105
信息通道模型 ·············· 107
句子与篇章的编码与解码机制 ·············· 113
语义研究之难 ·············· 118
人机对话与图灵测试 ·············· 120
语言与仿真游戏 ·············· 124
修辞手法与心理世界 ·············· 127
互联网时代的语言学机遇 ·············· 131
语言的统计特性：齐夫定律 ·············· 134

| | |
|---|---|
| 语言统计与字典编纂 | 137 |
| 活字印刷的信息原理 | 139 |

## 语言的数学建模 …… 147
| | |
|---|---|
| 谓词逻辑 | 149 |
| 比喻 | 154 |
| 借代(转喻) | 155 |
| 语义选择限制 | 160 |
| 比喻和转喻的图示 | 161 |

## 语言信息处理 …… 167
| | |
|---|---|
| 文字编码原理 | 169 |
| 汉字输入之难 | 176 |
| 汉语拼音的形成与发展 | 179 |
| 书法的演变与信息化 | 188 |
| 语言仓库：搜索引擎 | 194 |
| 词语的自动切分(自动分词) | 196 |
| 语言的自动翻译(机器翻译) | 200 |
| 句子的自动分析(句法分析) | 202 |

结　语 …… 208

后　记 …… 210

# 语言的产生与发展

# 语言的产生与发展

我的女儿刚好两岁,到了语言的迅速发展期。她今天第一次说出了完整的句子,把过去含含糊糊说不清楚的词,突然间组织起来了。家里的老人们说,这孩子还行,说话挺好。可我家有一只小狗叫罗奇,它突然问了一句:"为什么小孩子两岁开始真正说话?"家里的老人说:"这个是自然啊,两岁还不会说话,就麻烦了。"而我怎么回答它呢?这件事蛮难的。从生命科学的角度看,此时的小孩,神经系统功能发育逐渐完善,口腔气流的控制力也基本具备,加上两年生活中语言的耳濡目染,就可以说话了吧。但是这样的回答太不科学了,我一旦说出口,恐怕就会被狗"咬"。我知道它还要问什么,它会追问:猴子、猩猩、大象都很聪明,可是它们就算和人一辈子生活在一起,也没法讲话啊。于是我只能显出颓势:"罗奇,你这个问题一句话搞不定,这样吧,咱们一起讨论如何?"罗奇摇摇尾巴表示赞同。我趁势溜出一大段,免得它"咬"人:"人所具备的语言能力,目前还是个谜,我们既不完全清楚语言能力到底是什么,也不知道它从哪里来。但是我们知道,人确实具有语言能力,这种能力的来源应该可以追溯到 10 万年前那位人类的共同母亲。这位母亲来自非洲大裂谷地区①,如果她已经具备了语言能力,那么当时就已经发展出'原始口语',而这种口语已经被其团体所掌握。那么这种口语的基本形态会是什么样的呢?"

罗奇(以下简称奇):这个没有考古证据,也没录音机,基因科学倒是有可能在将来揭开奥秘,可是现在我们只能纯粹依靠设想。这样靠谱吗?我们怎么能探讨如此虚无缥渺缺乏证据的事情呢?

林贵思(以下简称思):你是"逻辑狗"对不对?那我问你,数学和逻辑,有完整的证据能证明它们存在吗?你只能说,用数学与逻辑可以解释、可以指导解决现实中的很多问题。

奇:好,暂且不论证据,起码我们探讨一番之后能够解释、解决现实的问题,怎么样?

## 词与物

思:没问题,那我们开始吧。几万年前的口语,到底什么样子,现在不好说,我们不如换个角度。假设我们生活在一群聪明的猴子中,它们在生物学意义上已经能够发出各种叫声,接近人类的发声能力。那么它们会不会把叫声进化为语言呢?

奇:你这是欺负我啊! 好吧,放下自尊,我来想一想。我们狗遇到危险就汪汪叫,饿了也会汪汪叫,叫声大小略有不同,我大概可以分得清这两种叫声。可是这个和人类的语言差距太大。

---

① [美]史蒂夫·奥尔森.人类基因的历史地图[M].霍达文,译.北京:生活·读书·新知三联书店,2006.

思：你说的有道理。你看，原始猴群的生活，有多少事物值得它们用不同的叫声加以区分？

奇：如此一想，还真是个问题，危险警报、找到食物、呼唤同伴、求偶都需要叫一叫，我们狗就是这么干的。可是叫声的区别并不是很大。

思：你看，10万年前的自然环境和今天的生活环境大不一样，杂食的猴子，其食物的种类不会少，而天敌也有好多种，非洲的蛇、狮子、豹子、豺狗、鳄鱼、狼对它们来说都很致命。你觉得它们会不会用不同的叫声区分天敌呢？

奇：为什么不用手和体态呢？我们狗不行，可你们人类的手很灵活，还发展了手语呢！

思：肢体语言有用，也很基本，但是在与声音的竞争中处于劣势。想想看，为什么当你有丰富的语音表达时，肢体语言退居二线了呢？

奇：这……哦，对的，如果天黑了或者距离稍远点，就看不到或看不清肢体动作了，所以语音的生命力更强。没错。反过来说，肢体语言在语音能力丧失的情况下，或者近距离、可见的交流中还有用处。

思：你提醒了我，突然想到一个很有趣的问题。先天的聋哑人，在学会手语后，他们会怎么思考问题呢？我的意思是说，我们在思考问题的时候好像在用声音自言自语，可是聋哑人没有声音啊，思考的时候，到底用的是什么载体呢？难道是手势？那么没有学习手语的聋哑人呢？他们的基本能力应该和我们差不多，也能够思考，可思考的载体是什么呢？这个问题恐怕一时解决不了呢！

奇：是的，除了我之外，一般的狗不会讲话，又是如何思考的呢？

思:也许语音只是幻觉,大家都在采用同样的思维方式。也许是语言的语音帮助我们思考。这个问题有点偏了,也讨论不清楚,有待于神经科学继续研究。回到正题,我们用不同的语音表示不同的事物,确实比较方便。但具体用什么语音表示什么事物,这是一个问题。

奇:也就是说,我把狗叫作"wang wang",而你可能叫作"gǒu"。大家说法不同,会打架。你听我的,还是我听你的呢?

思:这事情,恐怕得这么来考虑,如果猴子们有族长或首领存在的话,它一定会让大家少安毋躁,选取出比较能够让大家接受的叫法。狗,能叫,用叫声作为称呼比较自然。你看,猫、鸽、鸭、鸡、鸟、蛙、驴等等,发音都接近叫声。

奇:那我们狗呢?还有牛、马、羊、鱼,好像都不是用叫声命名的。对了,兔子、小鱼、小虾,树上的果实,根本没有叫声或者相关的声音,怎么用语音来对应它们呢?

思:不错。那不能发出声音的植物怎么办?!相信远古的猴子们也颇费周折。这些东西很容易被画下来,或者用手势比画比画,但是给个声音真的不容易。罗奇,如果让你给鱼一个声音,你会怎么给?

奇:这可比脑筋急转弯难多了。让我想想……你这个问题是在折磨我。因为鱼有很多种,假使是我最喜欢吃的那种,就会用手游两下,然后做出无比开心、满足的表情。可是,声音,声音,用什么声音,我想不出来。

思:这也是个不错的结论。也许原始人也遇到了相同的困难,有叫声的事物可以用它们独特的声音作为名称,我们可以给这种以特色声音为基础的命名方式起个名字,称为"叫名"。可是对于无声的事物就有点束手无策。从反面来说，如果语言只是模仿自然的声音，大量的事物是无法叫出声的，而且也很难形成今天每种语言内部的比较规整的语音系统。另外，猫、鸽子的叫声也没有原样照搬进口语，而是有些改动。

奇：现在我很在意我的"gǒu"是怎么来的了。对了，狗在英语中是 dog，也是很奇怪的。有声音的事物确实不是很多。不能发出声音的事物的名称又是如何产生的呢？不可思议啊！

思：我们在**事物的命名**方面遇到了瓶颈。大多数的事物没有什么叫声，要突破这一步，古人一定花了很长时间。想来，其意义不亚于钻木取火。有声音的事物就像天火，人造的声音才是钻木取火。有了火，人类才吃上了熟食，并能驱赶天敌。人造的声音，则可以给人真正的语言。对于无声音的事物，人们可以用富余的、没有使用过的语音来命名，但是固化为某种叫名，花费的时间不会短。

奇：是的，同一个事物必须有相同的叫名，要不大家简直没法交流。但每个叫名都期待族长去规范，有点太辛苦了。如果是族长亲力亲为，这词汇量恐怕一年也多不了几个。

思：你说的有道理，族群越小，统一命名的成本越低；族群越大，统一命名的成本越高。而且不同的语音产生出来也不容易，很有可能是一个人想了个声音，族长就直接认可了，然后族内通用。

奇：倘若没有族长呢？

思：即使没有族长，在一个团体内部，也总会有比较强势的人物，这个我们在狮群、猴群等群居动物里已经看得见了。

奇：动物界里，强者为王。应该会倾向于体格健壮的王者，会是聪明智慧的吗？聪明到能去约定公共事务？

思：你这么说，倒让我有了奇妙的想法。我们现在明显感觉到，女孩子比男孩子的语言能力强。语言的创造能力,也许是女人更强。女人的持家能力也强于男性。而且在养育下一代、教习语言方面,女性也扮演着难以替代的角色。她们到底创造了多少词汇啊?!

奇:可我们的瓶颈仍然没有解决,无声事物的命名真的很难。你看我们是纠结于此,还是往前走?

##  词汇的发展

思:当然往前走!无声事物的词汇生长得很缓慢,但是有些更抽象的词汇却不得不发展出来。

奇:什么?更抽象?

思:是的,猫、狗、花草都是外在的事物,而内在的概念也很需要表达,比如表示人称的"你、我、他",表示心理感觉的"冷、热、酸、甜、大、小、多、少",还有表示方位的"上、下、左、右、前、后",等等。

奇:天呢,我从没想过这些词从哪儿来。它们确实更抽象,也没有什么声音。有些可以用手语表示,有些则比较难。

思:对于族群生活来说,"你、我、他"的区分,显得很必要,需要约定一个叫名。

奇:等一等。我突然想起来,你在开始时说过,人类的口语可能有一个共同的起源地,果真如此的话,为什么到今天,大部分词汇在不同的语言中都是不同的,连基本的"你、我、他"都不一样。对,还有模仿声音的"鸽、蛙"等居然也不一样。

思:我没这么说,我只是说人类的祖先是同宗的,我们要来探讨语言的发展演变。不过,如果血缘上是同宗的话,口语的源头也应该是相同的。中国人好像对此没有什么研究传统,只有仓颉造字的故事,而对口语起源则缺乏记载。西方《圣经》中有个著名的巴别塔的故事,说的就是人类语言千差万别的原因。上帝不满人类建造通天之塔——巴别塔,就变乱了人们的口音,使得人们无法协作,从而搁浅了这座塔的建造。

奇:突然变乱口音,好像有难度。而且一种口音都是由一个族群来传承,怎么会在一个族群内部产生许多截然不同的口音呢?

思:可是我也很佩服《圣经》,居然关心语言差异的问题。而且它承认,在巴别塔之前,人们的口音是一致的。当然,这一点也未必是真的。口音、语言的差异是语言发展过程中的副产物,这个我们后面再聊。目前,还是集中火力想一想,词汇缓慢发展的结果会怎样?

奇:你等等,我想这是个关键,如果词汇发展缓慢,也很可能造成语言的差异,因为族群的分化、合并、迁徙,使得后续产生的词汇在族群之间产生差异。

思:词汇发展也未必一直都很缓慢,人们在发现用语音表达的诸多好处之后,可能会有一个爆发期,来大批量地生产词汇,这是第一次爆发。第二次爆发,则可能是利用词语的组合来造出更多的叫名,比如,"大狗""小狗""黑狗"等等。

奇:等一等,第一次爆发和第二次爆发一定是两个阶段吗?"大狗""小狗"这样的说法,在"狗"和"大""小"出现后,组合就很可能出现了呀?

思:有道理。不只是"大狗""小狗",人们在使用口语时,表达的方式应该不仅仅是词汇级别的。一开始也许就是比较简短的句子,后来句子越来越长。简短的句子,可能只包含两三个词,甚至一个词。比如,远古的人们说"狼来了"以警示同伴,而一个词"狼"也能够表示这个意思。句子能够表达一个相对动态的完整的意思,而仅有词的话还不够,需要把词组织起来。

奇:再等一等。你是说句子吗?句子的话,就需要一些辅助成分了,比如介词"在",助词"的、地、得",等等。这些意义很虚,不指向现实的词又是怎么出现的呢?

思:好问题!现在语言学界的主流看法是,现在的虚词都是过去的实词演变来的,这就是所谓"语法化"(Grammaticalization)①。我不太相信这个理论,就如同你的问题,在句子产生的早期,就很可能伴随产生一些虚词。这些虚词能够帮助阐明词语关系,使得词语的组合意义更加明了。如果虚词古已有之,而且已经比较成熟了,后代为什么要不断地改变和增加虚词呢?当然,我们现在探究的问题是几万年以前的口语发展,而现在的语法化只研究近世一两千年的语言演变史,还是不一样的。好了,言归正传,像汉语"的"这样一个表示领属或修饰关系的助词,在几乎所有的语言中都存在,只是具体发音或用法不同。比如"你的狗""我的狗""他的狗"。语言与思维关系密切,我们对领属关系的理解,需要在语言上有所表达,那就想办法去表达。

奇:呃……我有点晕乎。我们好像现在处于一个很难受的局面。什么都要创造出来,这样的创造力到底从哪里来?这么多的词,意思实在的、虚的,得造到哪一年?

---

① [美]鲍尔·J.霍伯尔,伊丽莎白·克劳丝·特拉格特.语法化学说[M].2版.梁银峰,译.上海:复旦大学出版社,2008.

思：我也觉得这个过程很漫长。我们可以换个思路来考虑这个问题。你说一个人掌握多少词就基本上会说话，会表达很多意思了？

奇：这个嘛，想想小孩子，三岁就会讲话了，大概三五百个词差不多？

思：想想看，这三五百个词，小孩子前三年就能掌握，可我们的语言进化了多少年才生长出这么些词。虚词的数量不多，但是虚词好像在很大程度上决定了一种语言是不是足够成熟，只要这些虚词存在，就可以造句说话了。实词里面的动词和形容词、副词造起来也蛮不容易，但数量也相对有限，只有名词总是不断地发展，数量甚多。

奇：这几百个词可能是数万年进化的结果？如果是局限于一个部族内部的进化，那么这个部族的基本词汇就不太可能有大的变动或者变乱嘛。

思：所以，我们有可能已经接近了正确的路径。也许是很多不同的部族，其语言同时在进化。语言分化前最初的那个部族，也许只发展到模仿自然声音的阶段，略加一些创造的发音而已。后世的语言之间差异逐渐变大。

奇：如此说来，我们现在很难找到一种纯粹的原始语言，作为所有语言的祖先。它只可能有极少量的词语是其他语言的祖先。你们研究语言的，喜欢用谱系树来给世界上的语言分类[1]，也存在问题吧。每种语言虽然继承了前一种语言的诸多特点，但它自己还是会发展的！

---

[1] Ruhlen, Merritt. A Guide to the World's Languages [M]. Stanford：Stanford University Press, 1987.

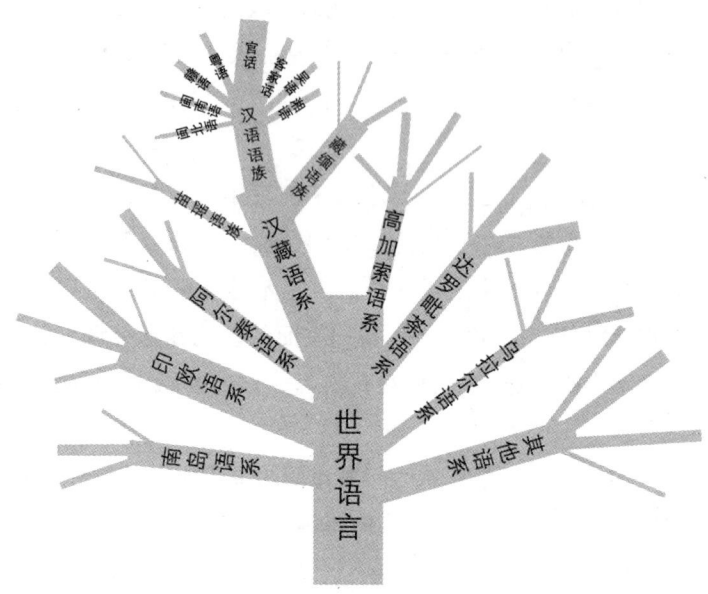

图 1-1 世界语言谱系树①

思:你说得太好了。越往谱系树的树根走,语言的差异也就越大。即使最原初的那一支语言一直发展到今天,没有被外界其他语言污染过,也会和现在的语言差异巨大。这和生物谱系树的情况很像,越往树枝看,物种越相似,可是位于树根的那些物种却显得差异很大。

奇:这样的话,语言和生命体不是很相似吗?用谱系树也就解决问题了,我们还讨论什么呢?

思:你有没有觉得,只有几百个核心词汇的语言,显得我们这个

---

① David Crystal. The Cambridge Encyclopedia of Language[M]. Cambridge:Cambridge University Press,1997.

物种并不是很出众,不像高级生物。

奇:为什么一定要出众呢?

思:就等你这句话呢。人类信心爆棚,其实他们的力量没那么大。我们的寿命不长,脑力有限,视力、听力、嗅觉也不是很发达,我们得承认自己的生物本能有缺点,不是特别完美、特别"高大上"。在这个定位上,我们反观自己的语言能力,心气平和,不要民族自豪感,不要生物优越感。你觉得如何?

奇:当然,这样子咱俩才能平等嘛。

##  语法的产生

思:我还没说完,神奇的事情也就在这里。几百个词怎么就可以成为语言的内核了呢?我们成人、现代人所掌握的词汇应该是很多很多的。而三岁小孩子掌握几百词,我们就觉得他们基本掌握了一种语言。

奇:有点晕乎,如果是这样子,那我们狗掌握几百词也都可以说人话了?

思:也许可以。但是每个词学起来好像都不那么容易,而且就算掌握了几百词的发音,也未必算是学会了某种语言。比如我拿了一本小小的汉英词典,每个词的发音和意义都很容易查到,那我是不是就学会了英语呢?

奇:这是个问题,只有词是不行的,得组成句子啊。

思:如果句子是关键的话,词汇的数量是不是无所谓呢?句子的关键之处又在哪里呢?

奇：大概是这样子。拿我来说，我天天都想啃骨头。"我想啃骨头"，是我非常想表达的意思，但是这个句子该怎么来组织呢？再简单点，"我啃骨头"。

思：对，这个问得妙。你可以说，"我啃骨头、我骨头啃、啃我骨头、啃骨头我、骨头我啃、骨头啃我"。一共六种情况呐。

奇：为什么普通话选择了"我啃骨头"？你得给我讲讲。

思：说实话，这问题不简单。别难为我，咱们还是推理推理。虽然我觉得"我啃骨头"很顺口，可是为什么不说其他五种，或者说出来意思变了，还真是不容易回答。这样，换个角度，如果你是原始人的话，会选择哪种？

奇：你真会踢皮球……我也觉得"我啃骨头"很顺口，"我"是啃的执行者，"骨头"是我啃的对象，"啃"在中间，做个联系，挺好的。"我"和"骨头"，一边一个，挺平衡。

思：如果从平衡的角度看，"骨头啃我"也平衡的嘛。这么说吧，如果我们看看其他的语言，就会清楚一些。其实，世界上的语言几乎把这六种次序都用遍了。

奇：真的？哇，如果这样子的话。不得了了。我很难理解他们怎么能接受"骨头啃我"，更不用说接受"啃我骨头"这样的顺序了。

思：一开始我也不相信，可是后来仔细一看，也简单。

奇：简单？

思：像匈牙利语等词语次序自由的语言，他们理解句子靠特殊的标记。这么说吧，作为动作行为的主动者，一般有一个特定的后缀（比如-t），而动作行为的被动者会有另一个后缀（比如-o）。这样呢，"我"和"骨头"不管跑到句子的哪个位置，都知道是"我啃骨头"。

奇：这样的语言真有两下子，它的设计者蛮聪明。用后缀标记一下,就全清楚了。这好像比普通话给力,"我、啃、骨头"三个词先说哪个都行。就是不够节省,每个名词还得带个小尾巴。哎,跟我们狗很像。

思:有得必有失。我想,在这种语言里面,想表达你说的"我想啃骨头"就麻烦啦。两个动词,这下名词到底根据哪个动词来判断主动、被动标签呢?你看"啃骨头"是受"想"支配的,莫非先要加一个后缀,然后骨头再加一个后缀,呵呵!

奇:对哦,要是说"我想啃骨头喝肉汤"就更乱套啦。

思:这样的语言,没办法,只能排斥多个动词连用的情况,也就是只能保留一个动词,其他的动词都得退居二线,想办法避开这个主要的动词,要不句子中名词的后缀就乱翻天了。

奇:看来这带标记的方法也不是万能的。想来这样语言的句子结构就不能特别复杂,尽量需要在一个层次上解决词语的语义关系问题。

思:对。由于主句只含一个动词,这样的语言每个句子基本上只说一个意思。好像也不错,表达意思很清晰。

奇:哈哈,一次只做一件事,有利于理清思路。"逻辑狗"喜欢。

思:哇……(我愣住了!)罗奇,罗奇,我们好像讨论出了一个要命的结果,也许这就是逻辑的来源。这种选择了用标记标定词语内在顺序的语言,天生地只含一个动词,所以表达意思的时候就特别简单而清晰,这会促使逻辑的产生啊。

奇:难道我就是这么来的?如果你说得正确,那我这逻辑没法来自普通话啦!只能来自标记性的语言了。

思:历史上的逻辑重镇,一个是古希腊,一个是古印度,都是标记性的语言。狗啊狗,你行啊!

奇:高兴高兴,汪汪,哈哈,我知道我从哪里来了。

思:别高兴得太早。淡定,淡定。我们现在只处在几百词的语言阶段呢,远没有达到两千年前的水平。假使早期语言发生了标记性和非标记性语言的分化,而这种分化并不体现在词汇上,而是在句子结构①上,说明什么问题?

奇:句子结构太重要了。说得都嘴馋了,给我根骨头吧。

##  词汇暴涨期的语言发展

思:给你。不过,还有个问题,一开始的句子长度会有多长呢?换句话说,一个句子会包含几个词?

奇:几个词?我想也就 1—4 个左右吧。就像"我啃骨头"这样子。如果更长的话,恐怕困难。

思:可是我们已经有几百个词汇了。比如,你想啃骨头吃肉。要表达这个意思的话,会很麻烦吗?句子也不是很长,但结构上复杂多了。

奇:不知道原始人会不会这么表达,也许又陷入困境了。

思:好吧,暂时丢掉这难啃的骨头。我们再换个角度想一想,在几百个词之后,语言的词汇量还会增加吗?

奇:应该会,加上各种科技术语,现在普通话的词汇量肯定不止百万了。

思:那么词汇增加的动力是什么呢?

---

① 乔姆斯基对句法结构的阐述和研究非常深入,可参考乔姆斯基学派的论著,如 Chomsky, N. A. Syntactic Structures. Berlin: De Gruyter Mouton, 1957.

奇:好像也就是科技语特别多。手机、电脑、电视、汽车、飞机的型号、配件等等,还有科学技术研究中的大量名词。如果去掉它们,好像日常词汇量也不是特别多。

思:那么日常词汇的增长靠什么呢?

奇:靠的是身边常用的、常见的事物的增加?就像过去没有手机,现在人手一部。手机就自然地进入了日常词汇。如果用的人还很少,就不太能算作日常词汇,就像多少年前手机只作为军队中的高端通信仪器一样。

思:你这么说,日常词汇量也会减少呢。90年代流行的寻呼机,现在已经没人用啦,人们好像都要忘记这个词咯。

奇:这么说,好像意味着,随着社会文明的进步和物质生活的丰富,日常词汇数量大体上会不断增加,但是有两个问题——增加的只是名词吗?还有,原始部落的生活数千年如一日,他们的词汇量是不是就停滞了?

思:好嘛,一下子甩出两个问题。词汇的增加,应该不只是名词。就说这原始部落的情况,句子所表达的语气就不止一种。比如你想问个问题,"你有骨头吗?""你有骨头吧?""我的骨头呢?""我的骨头哪儿去了?""你到底有没有骨头?!"你问的方式就有很多种,问的关注点不同,问的语气也不同。这些仅仅依靠天然的语气变化显然是不够的,就需要像"么、呢、吧、嘛、有没有"这样的词来帮忙。

奇:不过,这些词应该算是那几百个已经产生的核心词汇之一部分。你好像又转回去咯。

思:是的,是的,这语气什么的,比较基本,是人们基本情绪的表达,应该出现得比较早。但是这些词的出现也足够令人称奇,虽然绕过去了,我还是想不通古人怎么这么聪明,创造出这些词来。

奇:那么回到这个问题,原始部落的生活数千年如一日,他们的词汇量是不是就停滞了?

思:(这狗真不好惹)好吧,他们的词汇量看起来是蛮难长进的,偶尔有个新的动植物的发现、新栖息地的发现,好像也多不了几个词。特别是那些连农业社会都没进入的以狩猎、采集为生的原始部落,由于粮食供给不稳定、生存环境恶劣,人口的增长率也很低,他们的语言最多是自身系统的完善,把能够创造的词创造出来就不错了,很难增加了。不知道他们有没有宗教,如果有的话,又会多出宗教词汇。让我从词类的角度数一数咱们讨论过的词语类型。语法教科书上主要的词语类别有名词、动词、形容词、副词、代词、介词、连词、助词、叹词①,这些都有了。哎,还缺数词和量词。

奇:对的,对的,数字还没聊。

思:原始部落也少不了数字的,要不他们没法计量事物的多少。即使他们的数字系统不发达,但怎么也该有一、二、三、四、五吧。打猎打回来两只羊,或者采集到几个果子。

奇:好,原始的数字产生后就有了"个、条"这样的量词吗?

思:量词,这个东西,据说是咱汉语中的特殊之物,英语中就没这么多量词,比如"个、把、张、本、匹"等等。可是为什么汉语量词那么多,这是个很大的疑难问题,我们是不是回头再谈这个问题,因为大多数语言里面都没有量词。

---

① 可参考黄伯荣、廖序东主编的《现代汉语》等现代汉语方面的教材。

奇：没有？

思：没有。你看"一本书"的意思和"一书"差不多，"本"有点多余，不是吗？

奇：真的是。一把椅子，等于一椅子，一张桌子也等于一桌子，只是省了量词之后觉得别扭，但意思上没啥问题。

思：其实在很多语言中存在的阴性、阳性、中性名词①，和这个有点像。在许多语言中，男人和太阳都是阳性的，女人和月亮都是阴性的。在男人这个词上面就会加个阳性的标记，女人这个词上加个阴性的标记。有人说，这和原始宗教崇拜有关，也有人认为是人们自然地对白天黑夜、男女两性的感知。于是连狗、食物、手脚等事物都有了阴阳和中性的区别。我也觉得奇怪，咱们中国人这么悠久的《周易》阴阳之说，为什么就没有在词汇上体现出来呢？有人说，汉语的量词其实是修饰名词的，把名词的基本属性显现出来，比如"张"表示的是扁平的、张开的平面，"把"是有把手的、可以把握的，"匹"是油亮亮的。所以量词这个说法有问题，也有人干脆称为类别词②。西方学者根据多种语言的分析大胆指出，区分阴性、阳性名词的语言，量词就不发达，反之亦然；量词和阴性、阳性是不能并存的③。所以他们觉得，阴性、阳性和量词一样，都是描写的名词的属性，所以可能是同源的，只是量词系统在意思上发展得更多样一些。

---

① 参考语言学概论中关于"性(gender)"的知识。
② 陈小明. 形体单位·类别词·个体量词——汉语个体量词性质的再认识[J]. 广西师范学院学报(哲学社会科学版), 2008, 29(1):93-98.
③ 参见 https://en.wikipedia.org/wiki/Grammatical_gender 的介绍和英国一个研究组(Surrey Morphology Group, University of Surrey)的研究项目 project Combining Gender and Classifiers in Natural Language。

奇：够大胆的。我罗奇觉得，不排除这样的可能性。对了，主要的词语类别我们都讨论了，句子结构、语气也讨论了，是不是语言就差不多这样子了。不同的语言，只是在早期的时候分化出去，造成的纷繁多样。我们的讨论是不是就结束了？

思：你觉得还有什么问题？

奇：哦，文字还没聊呢。

思：我是问你，在文字产生以前，语言是不是就这样了？几百个词汇，加上句子结构就完了？

##  人名问题

奇：噢，对！我突然想起来，每个人都是有名字的。这名字是怎么来的？会不会对语言的发展有影响？

思：名字啊，我们居然漏掉了这么重要的东西。想想看，给人命名，怎么个做法？几万年前，部族规模应该很小，几十个人，血脉也相近，应该还没有姓（family name）的概念。只要能把不同的成员起个名区分开就好。

奇：有男有女，有老有少，同一个父母的，有老大、老二、老三。如果根据部族里面的家庭命名，加上男女和排行，不就行了？

思：好像是这样子，可是家庭命名容易吗？还有，怎么确定有家庭呢？一夫一妻制度在那个时候不会太稳定吧。如果是强者交配优先的话，会形成狮群那样的一狮独大的格局，如果男女比例差不多，偷情乱交也很难有稳定的家庭关系。原始部族，可能倾向于男女比例相当的格局，很容易造成只知其母、不知其父的情况。这样就容易形成母系社会，我说的母系不是说女性为王，而是孩子不知道父亲到底是谁，形成的以女性确立人名系统的部族。只要把部族中的女性一一命名，就可以给所有成员命名了。

奇：你说的这个我倒是可以理解，隔壁家的母狗，最近生了一窝小狗，确实不知道是和哪只狗生的。

思：对不起，我没有轻视狗的意思。只是说，当人们想给部族里的每个人命名的时候，采用母系方法是最简便的。如果一夫一妻制度或一夫多妻制度获得了确立，那么一夫一妻采用父亲或母亲都可以，而一夫多妻更可能采用父亲了。

奇：换句话说，一妻多夫或多夫多妻就倾向于母系。

思：逻辑上是这样。

奇：那么你会怎样给女性命名？什么时候给女性命名呢？是像我们一样刚生下来就命名，还是成年后再命名呢？

思：有可能根据小孩生下来时的状况命名，如果根据稍大年纪的状况命名，那么小时候不好称呼。也许会起两个不同的名字，出生时一个，成年再起一个。出生时的名字，可以是特殊的地点、时间、事件，或者根据喜爱的动植物命名。说起时间，我们在前面的讨论中也遗漏啦。原始人应该有时间词，至少白天、黑夜、正午会有词语来表示，你说是不是？

奇：还有日出和日落。也许有的小孩子在日出时出生，就叫"日出"了呢。

思：嗯，如果在某种花盛开的季节，也许就叫什么花了。对的，还有四季，也是重要的时间词。

奇：别忘了，你说的人类起源于非洲大裂谷地区，属热带，四季不分明,也许开始没有四季哦。后来迁徙到温带和寒带后,才谈得上四季。

思:你真是太聪明了。看看,随着迁徙,连时间词都会增多呢。

奇:原始部族规模不大,用你说的这些方法来命名也就差不多了。不过,我想到一个有趣的问题,如果有两个孩子同时出生,或者一个孩子和他的奶奶都是在某花盛开的季节出生,岂不是会同名?

思:那要看他们的性别吧。男孩子比较阳刚,用花取名怪怪的,女孩子比较合适。

奇:如果性别相同呢?

思:那就大花、小花、红花、蓝花?

奇:这样好像也可以。

思:你说的同名的问题,蛮重要。随着人口的历史累积,重名确实难以避免。人们可以用一世、二世的计数方法,或者"母亲名字+自己名字"的方法加以区分。

奇:一世、二世要到数字发展出来了才好用。"母亲名字+自己名字",也容易出现问题,到了孙儿辈,是只取母亲还是连姥姥一起算上,来个三重名字呢?到了曾孙辈,就四重名字了。若是几十辈下来,名字就很长很长啦。

思:我的狗儿,真有你的。不知道在那个口耳相传的时代,人们能不能记住自己祖先的名字。但是他们的名字应该不会太长吧。可能把母亲和自己的名字组合起来就够了。我现在想到的是,这么命名,族长会不会同意,他会不会想让大家都加上自己的族名,这样,在与其他部族的交流中很容易区分归属。

奇：族名又怎么起呢？根据这个部族的信仰、崇拜的事物？还是特殊的地貌与习俗？

思：你觉得远古的人们会崇拜什么呢？在那个东非大裂谷，水草丰茂的地方。

奇：我想会崇拜太阳。白天能看到天敌，晚上又冷又危险，自然还是太阳好。然后是崇拜水，因为每天都喝水啊。再其次，可能崇拜火，火令他们感到恐惧。

思：如果会利用火以后，也会崇拜火的巨大功用。或者也会崇拜勇猛的动物，比如大象、狮子。

奇：没错，我一直渴望拥有狮子的体魄。

## 同音问题与造词法

思：那么，我们基本上已经有答案了，对部族成员的命名应该不难。你刚才提到的同名现象倒是令我很紧张。你想想，除了人名，其他的事物名称会不会出现同名现象呢？

奇：那个时代，没有文字，同名就等于同音呀。

思：这个问题很重要，我们得花点时间来议一议。几百个词，发音全都不同，做到这一点不容易。更不用说上百万词汇要避免同音问题了。

奇：也许这正是我们普通的狗没法形成语言的重要缘由。几百种不同的叫声，区分起来就很困难。

思：人类的嘴巴就这么大，发声靠喉咙里面的声带振动，嘴里的舌头、牙齿、鼻子形成不同形状的共鸣腔，以发出各种声音。那么到底能发出多少种不同的声音呢？理论上说，舌头位置差一点点，声音就会有所不同，但是人的耳朵恐怕没有这么灵敏。这些声音必须能够相互区别开才行。

奇：那还剩多少呢？

思：这个还真难说，得看具体的发音情况，只要发音能拉开差距就好，理论上有很多套方案可用。为了方便讨论，我们来看现实的情况，有些音很容易发，比如 i(衣)、u(屋)、a(阿)等等，几乎所有的语言都有这些音。国际音标①是一套用来描写各种语言的语音的方案，常用的元音和辅音加起来有 100 多个不同的音。甚至还包括了非洲南部口语中的搓嘴音(舌头和上颚或牙齿配合发出的吸气声响)。

奇：什么是元音、辅音？

思：这个说法确实偏术语了。简单地说，就是看声带是不是振动，再通俗点，就是看嗓子是不是发音，嗓子发音如 i(衣)、u(屋)、a(阿)等是元音，嗓子不发音的如 p(其发音似"泼")、t(特)、k(科)等等是辅音。

奇：100 多个，也不算少了，但是面对几百个词汇，不是会出现大量的同音现象吗？

思：人们很聪明，他们可以把元音和辅音组合起来，具体来说，元音和元音、元音和辅音、辅音和辅音都可以组合。

奇：这组合起来不得了。哪怕一种语言只有 10 种元音，20 种辅音，按照"元音＋元音""元音＋辅音""辅音＋辅音"组合的话就会有 $10×10+10×20+20×10+20×20$，加起来就有 900 种发音

---

① 参见 International Phonetic Alphabet(IPA)，官方网址为 https://www.internationalphoneticassociation.org。

了。再加上单纯的 30 种,就有 930 种发音,不得了。

思:如果三个音叠加起来,是不是就更多呢?

奇:当然。不过刚才好像算复杂了。好笨啊!两个音叠加起来,直接是 30×30＝900 啊。

思:数学很好嘛!这 930 种发音,确实够原始语言使用了,但是呢,930 个音组是理论上的,实际上可能没那么多。

奇:你是说用不到那么多吗?

思:对于某种语言来说,大量的音组都被废弃了,比如普通话里面,有 ri、re,却没有 ra、rü。有趣的是,有些音组这种语言不用,不等于其他语言不用。只是大家都会放弃使用一些组合。为什么放弃,我说不上来。比如其他语言中常见的 d＋o,d＋ü,而在普通话里就没有。d＋o,还略微能解释,因为普通话不把 o 作为主要的元音单独使用。按刚才我们说的,如果是三个语音叠加,就会有 30×30×30,多达 27 000 种可能性。人们确实利用了三个语音的组合方式,但显然也不是全用的。

奇:照此推算,还可能有四合音、五合音、N 合音,算起来是 30 的 N 次方呢,可能性数量巨大,人们只用了其中一些比较顺口的部分。

思:N 合音,有趣,貌似英语单词就是一大串音呢。可是人们还有更基本的单元,并不是一味地多音组合下去。

奇:哦?什么单元?

思:音节。你得考虑人们的发音能力。就像音乐中区分音节一样,人们在发音的时候,往往有一个主元音,会形成嗓子的振动,和辅音配合后,会天然形成一个听觉上的单元。主元音带出的音节,一般由"辅音＋元音＋辅音"组成。辅音可以缺省,但元音不可省略。

奇：为什么呢？元音怎么就不能省呢？

思：因为辅音声音太小，稍远点就听不到了。辅音有点像调味料，使得元音多样化。不信你试试看，lst 和 lost，没了元音 o，确实不会影响意思，但是声音小啊，像耳语一样。所以，元音成了音节的主心骨。

奇：有了音节，好像有额外的好处呢。

思：哦，说说看？

奇："辅音＋元音＋辅音"构成的音节种类也不少，不算两个辅音组合使用的话，也有 20×10×20 个，就是 4 000 个呐。这样的话，4 000 个不同的单音节就足够表示 4 000 个词了，完全容得下原始口语的几百个词。

思：嗯，和前面的讨论类似，一方面这 4 000 个音节恐怕也有相当一部分是人们不用的，另一方面也会用到两个辅音组合、两个元音组合。像普通话，不计声调，大约有 400 个音节，400 个音节来表示几百个核心词汇，好像也差不多够用。

奇：那其他语言的音节数量会不会多一些呢？

思：一般不会超过 1 000 个。这么算的话，在语言发展的早期，只有几百个词的时候，音节的数量就基本上达到一词一音节的情况了。

奇：你这是话里有话。随着词汇量的增长，比如涨到 5 000 个、50 000 个，那么单个音节好像也不够用啦。

思：是的。现实的情况是，几乎所有的语言都采用了多音节的方式。多音节是很自然的选择，即使一种语言只有 100 个音节，双音节也会有 10 000 个单位可用，而三音节会有 100 万个单位。普通话的 400 个音节,双音节组合就有 16 万个单位了。

奇:这数量相当够用。你好像启发了我,像我们狗,基本的能区分的发音只有五六种,组合起来不过是 5 的 N 次方,N 小则单位少,N 大则叫声太长了,相当费劲。

思:呵呵。可我们的思路好像又跳跃了,我们仿佛承认了一个前提,就是在几百词汇量的时候,词语大概都是单音节的。这个问题,好像用汉语讨论很费劲,因为基本概念许多是单音节的,手、脚、嘴、懒、吃、睡等等。应该说,在语言早期,语音的约定命名比较随意,有可能存在多音节的情况。拿小孩子来说,咿呀学话的时候,就会大量使用叠音词,而叠音词是两个音节。①

奇:有一个或两个音节都应该正常,一个音节可能居多些。

思:一两个音节就承担了对象的意义,我们可以称之为一个语音词。那么,先设想下,口语中的词汇量如何能够达到 5 000?

奇:5 000,我在想我是否掌握了 5 000 个词,貌似英语专业八级也就 8 000 左右词汇量吧。

## 一音多义与一词多义

思:你提醒了我。我们说的词,往往还有多个义项呢! 比如,"快"就有好几种不同的意思。我们还是先说说,一个词为什么会有多个意思。

奇:必须的,我经常被这东西搞晕,我最讨厌你们说"yi",意思

---

① 音节,对于汉语来说,是声母+韵母(+声调)的组合,如 zhang1,a3,ding1,都是一个音节。

太多了。就算加上声调吧,每天"一元",还是每天"亿元",从耳朵里完全听不出差别。

思:你说的是另外一回事,汉语中的同音字。而我说的是文字产生以前的,一个音会有多个意思的情况。

奇:我怎么觉得是一回事呢,"一"和"亿"也是相同的发音多个意思呀。

思:这样吧,我们做个区分,假设每个汉字都有不同的发音不就行啦。先别掺和汉字的事情,先搞清楚为什么一个音有多个意思。

奇:会不会还是老问题,就是同名问题。人们在造词的时候,不小心造了两个一样的。

思:应该不会吧,两个词发音一样的话,在口语交际中岂不是很乱?我刚才说的"快"有两个基本意思,一个是运动速度快,一个是心理快活。我们还可以说刀快,意思是刀很锋利。

奇:这三个意思还是比较接近的。

思:怎么说?

奇:你看,运动的快慢,最终还是靠人来观察的,是人感觉到速度快,和感到快乐快活的心理反应相近啊。刀锋利,切东西的速度就快,所以就会使人们觉得刀也很快。

思:这么说来,心理感觉上的相似性,是一个语音可以涵盖多个相近意思的基础。

奇:是这样的,比如我们狗,品种很多,长相千差万别,可是你们人类都把我们叫作"狗",还是有一些共性的感觉的,比如叫声相似,基本外貌相似,食谱相同,等等。

思:如此一来,相近的感觉可以用相同的音来命名,而命名最好不要有重复和冲突。冲突了,就会引起语言使用中的误解。

奇:所以我现在无法理解汉语到底怎么了,这么多同音字,太可怕了。

思:不仅仅是你害怕,外国人更受不了,他们本国的语言往往是一个语音对应一个事物或概念,而汉语的一个语音可以对应一大堆。为什么这汉语偏要冒天下之大不韪,保有大量的同音字、同音词呢?比如对于英语、法语背景的留学生来说,他们听写单词非常简单,基本上根据读音就能写出单词,而我们汉语听写如果只根据一个字的发音则会难倒大部分人,我们必须得说明白是什么语境中的某个字,才写得出来。当然,这个问题,我们得分开讨论,到底是汉语一开始就有如此多的同音字,还是汉字产生后造成的,需要等到我们探讨文字产生时才好说。

奇:我也确实不明白,没有文字的话,一种口语能够发展到5 000个词吗?

思:这倒是可以去非洲调查那些历史上没有出现过文字的古老语言。可是呢,这个事情确实不好做,很费钱。现在的语言调查者往往注重调查语音的基本面貌,有哪些元音、辅音、声调,其次是句法规则,然后是按照词表来调查词汇情况。所以,一种口语到底有多少词汇,目前来说研究者关心得不够。我现在也说不清楚,无文字的口语能不能发展到5 000词汇,但是能够比较肯定地说,发展到50 000词汇是不可能的。

奇:50 000词汇,我这辈子恐怕也掌握不了。这得是个比较发达的文明形态了,而且不是哪一个人掌握50 000词汇,是整个群体掌握的词汇总和。

思:我也很难掌握50 000词汇。这50 000个词,想来大多数也就是名词,大量的名词产生,源于周围生活的多样性,物质生活的富足和对大千世界的更多认识。如果没有文字作为载体,这么大的词汇量很难传承下去。

奇:这么说,我们必须得面对文字的产生咯。

## 文字的产生

思:我们现在探讨的是文字产生之前,有声口语所能达到的极致。没有文字,人们利用口语还能做什么?

奇:唱歌,作诗。猜字谜恐怕不行,哈哈。

思:诗歌应该是有的,与其说是音乐和口语的结合,还不如说都是人类嘴巴的创造。人为什么要唱歌,确实很奇怪。我经常听到鸟儿在树上唱歌,虽然听不懂,但感到很悦耳。原始部族的人们是跟鸟儿学的唱歌吗?

奇:为什么不是跟爱呼喊的狼学的呢?也许狼的叫声太单一了。

思:那第一个能哼哼几句的原始人,该多有意思啊。也许和今天一样,拥有好嗓子的人并不多,天生好嗓子的人,可能对歌唱和语言都有极大的推动作用。他/她的声音富有吸引力,肯定能吸引到异性,从而产生更多好嗓子的后代。也许,我们就是这样进化来的。

奇:是够神奇的,好声音有着能跨种族的优点。就像我们喜欢鸟儿唱歌一样,好嗓子很受欢迎。

思:把语音放进歌声,可能对语言本身的韵味、音节的选择都有反作用。人的呼气一般也就5秒左右,能放几个音节呢,大概10个以内。如果原始人的节奏感和今天相近,那么每次呼气大概可以分为 2—4 个小节,每个小节放一两个音节。放的音节越多,则语速越快,放的越少,则越舒缓。如果一次呼气可以放入 8—10 个音节,差不多七八个词的样子,和我们现在的口语也就很相似了。

奇:我喜欢快节奏,就像 rap,哈哈。

思:可你正常语速没那么快。

奇:也是,虽然我可以很快,也可以很慢,但确实有个正常语速。

思:5 000 词汇,还有个问题没解决,是不是这 5 000 词汇都是不同发音呢?

奇:道理上应该如此,但是记忆的负担太重了。会不会像今天一样,很多词都是由更短的词组合出来的呢?

思:让我们想象一下 5 000 词汇量的社会。这个社会应该超越了单纯的狩猎、采集模式,很有可能进入了农业社会。有了固定的栖息地,具备了建造住所的能力,掌握了火和石器,对于天气和周围的事物有了更为深入的了解。族群的扩大,战争的扩大,地盘的扩大,种植饲养的扩大,都会很大地促进词汇量的增长。说实在的,我无法想象在狩猎模式下,一种语言能有多少词汇,一两千可能已经是上限了。我很想去趟非洲验证一下。

奇:把我也带去吧!5 000 词汇就得进入农业社会才能产生的话,我觉得有问题哦。按现在教科书上的说法,农业社会也就一万年的历史吧。

思:如果这样,那语言真正的大发展只能在农业社会之后。而最近一万年的人类发展史,已经有了很多的资料,俨然逼迫我们进入文字的讨论。

奇:为什么不呢?

思:我总是不想这么着急进入有文字记载的历史来讨论文字,我想把口语讨论得更充分一些,可是现在已经拖不下去了,如果还有什么遗漏的,就以后再补吧。进入文字演化的历史,第一个问题自然是为什么要产生文字。

奇:这个问题对我来说很难。我在纪录片里看过,两三万年以前的岩画,就显示出那时的人类具有较高的绘画技艺,所以对产生文字的技术能力来说,肯定是足够了。问题还是丢给你,为什么要有文字呢?

思:是的,其实并不是所有的语言都有文字。只有那些发展水平很高的文明,才有文字。

奇:能不能反过来讲,有文字的部族,文明程度都很高。

思:基本上可以这么说。一个部族的崛起,它的农业化、城邦化,似乎都必然伴随着文字的产生。古埃及、苏美尔、古印度、玛雅文明莫不如此,就连中国境内的西夏王朝也在建国时仿造汉字建立了自己的文字体系。

奇:为什么已经有了口语,还要创立文字呢?有什么好处?不对,只有好处还不够,一定有个很基本的动力让他们做这件事。

思:文字的好处是白纸黑字,有个记录。不会像口语一样,说完就灰飞烟灭了。人们肯定希望记录下动人的诗歌、重要的事情(比如战争、族谱或是其他有意义的事情)。但是专门记录语言的工具、载体是什么呢?什么东西能够把事情记录下来呢?

奇:故事画,我最喜欢看漫画了!

思:记录事情用连环画的形式比较容易,部族里需要一位画工来承担这项工作,他可以用石头在岩石上刻出轮廓,用炭灰作画。不过能画画的岩石有限,在原始狩猎部族里面,很难去供养一位专职的画工,所以他的创作是不定期的、不稳定的。他的手艺也未必能传承给下一代。到了农业社会,有了种植业,部族得以定居下来,粮食丰足能有稳定的供给,使得他们可以养育一批脑力工作者。种植业的发展,人口自然增加,天然的山洞无法容纳增加的人口,或者在农业种植区,根本找不到山洞,这就逼迫他们建造庇护所。你觉得人们会怎么建造他们的庇护之所呢?

奇:就像鸟儿筑巢、蚂蚁挖洞一样。

思:人们肯定尝试过不少方法:往地下斜着挖个洞,容易坍塌不说,也难以应付下雨天的雨水倒灌。用木头围成篱笆,上面也用木头搭起来,好像是个办法。但下雨天也很容易漏雨,木头房子可能也抵不住野兽的攻击。除非当地有很粗壮的树木。还有就是用石头堆砌出山洞的样子,又结实又耐用。但是石块的堆砌,特别是屋顶大石板的加工难度很大。他们一定绞尽脑汁在想,怎么才能建出结实好用的住所。

奇:如此说来,农业社会以前也会想办法建房子。因为天然的山洞很少,纪录片里对非洲的狩猎部族有些介绍,他们用树枝搭成的房子看起来也蛮好的呀。

思:天然的材料就这么多,木头、树枝、石头、土。他们应该会就地取材,如果石头容易采集,就多用石头,如果树木多,就砍树造房子。石头对人们的诱惑力一定不小,它结实耐用,不会腐烂,不怕雨水,不怕火烧,能抵得住野兽的冲撞。要是我,也会尽全力想出用石头造房子的办法。

奇:大石头太重了,那个时代连搬运都很困难,更不用说切削石料了。

##  书写介质的发展

思:也许这正是产生其他发明的动力呢?不过,我们似乎忘记了一件事,那就是黏土。黏土在日晒或火烧后,会陶化,变得像石头一样坚硬。如果用黏土做砖瓦,盖房子就会容易很多,免去了切削石块的繁重劳动。

奇:我们这半天是不是跑题了,用黏土或石头盖房子和文字有什么关系?

思:关系很密切。目前看来,距今最早的成熟文字就是苏美尔的楔形文字。这种文字就是用树枝写在黏土板上,日晒后形成石板,能够保存几千年。在没有金属的年代,想在石头上刻字是件多么不容易的事情,只能用石头刻出浅浅的印迹而已。而黏土板很好地解决了这个问题。

奇:为什么是苏美尔文字?苏美尔在哪里?为什么不是咱们中国的甲骨文最早呢?对了,还有古埃及文呢?

思:可是目前发现的最早的甲骨文也比苏美尔文晚了大概两千年。考古发现,大约在公元前 3600 年,今天伊拉克的两河流域,就出现了苏美尔文明的城市,城市里出土了大量的刻有楔形文字的黏土板。

咱们中国 3500—4000 年前的甲骨文是在龟甲和兽骨上刻上占卜文字,然后烧火,根据裂纹判定吉凶。甲骨应该是文字产生以后的书写载体之一。想想看,骨头很硬,刻上去的字痕迹很浅,使用的刻字工具可能也就是石头或早期青铜器。当时可能也存在用木头或竹子书写的文字,但是这些东西很容易碳化,没能保存到今天。当然,其他可能的文字载体还有兽皮、麻布。拿根木棍,用木灰蘸水就可以进行书写。甲骨、兽皮都不太可能是稳定而大量的书写材料。木质、竹制材料才更可能被采用。每当我看到古埃及文字、甲骨文字或者玛雅文字的时候,我就在想,画工在学写字的时候,到底在哪儿练的,他们不可能没练习就直接把字刻到重要的石碑或甲骨上吧。拿一个小木棍,在沙盘上练,或是蘸着木灰水写在木板上。哦,对的,木板本身也不容易获取,平整的木板本身就需要很好的切削工具才能做出来。小块竹板的制作相对简单得多,也是可以拿来做练习的。

图1-2 约公元前2600年的苏美尔黏土板①

奇:听你说得真费劲,那个时候没有纸吗?

思:没有哪种树上是会结出纸来的。纸是人后来造出来的呀。蔡伦发明纸已经是东汉的事情了。而另一种重要的纸,在古埃及确实出现得更早,是用纸莎草的根茎切成薄片,然后交错排列成方形,泡水、压制而成,可以用笔墨书写,成本低,用量大。

奇:比蔡伦早哇?!

---

① https://commons.wikimedia.org/wiki/File:Sumerian-akkadian_Lexicon_-_Louvre,_Near_Eastern_Antiquities_in_the_Louvre,_Room_3,_Case_15_-_AO_7662.jpg.

## 造字之难:能言与能画

思:当然,它比起蔡伦造的纸来说也有缺陷,由于纸莎草生长区域限制,没能扩散到世界其他地区,而纸莎草做的纸也只能在埃及这样的干燥地区使用,一旦带到潮湿地区,很快就会腐烂①。所以蔡伦的纤维纸通用度更好,流传也广。但是,我们关心的,不仅仅是哪种纸更早的问题,还有在纸产生之前,文字如何得以发展。换句话说,文字是怎么造出来的。

奇:造字嘛,如果咱们俩造字,会怎么造呢?我是小狗,画画不怎么样,不过你让我画个太阳的话,问题不大,在地上勾个圈圈就行了。

思:我画画也不怎么好。月亮就是半个圆圈咯。牛、羊、树、花、草、人、鸟,好像都可以用类似简笔画的方式勾勒出来。可是风、雨、水就不太好画了。至于心理形容词"好、坏、快乐、忧伤"蛮难画的,莫非要把人的表情也画出来吗?可是"快、慢、大、小、多、少",该怎么画呢?还有动词"打、骂、走、跑、跳、游",好像也必须用类似奥运会运动项目图标的方式勾勒出来。方位词"前、后、左、右、上、下、内、外",好像可以用抽象的圆圈和点来表示。人称代词"你、我、他",很有难度。数字可以用"一、二、三",不过一味用横线,很难表示大于5的数字,得纵横交错一下。当然,还得看古人是不是用十进制,也可能用五进制或其他进制,基本上还是能画的。副词

---

① 笔者在佛罗伦萨古埃及博物馆买到了纸莎草的仿古画作,裸露摆放了几年并未烂掉。不过确实很脆,容易损坏。

如"很、非常、特别",真的很难画,难道就用着重号加在形容词或动词上吗?介词"在、从、到",好像也不是必须的,在故事画里面一看便知。连词"和、或",也不是必须画出来的,把多个事物画出来就行了,"和"本身不用画,助词"的"好像也不用画。例如,"我的羊",那就把羊画在我身边不就行了?叹词,貌似可以用着重号表示。还有一种拟声词,如"啊呀、呦",用图画也基本上画不出来的。还有我们汉语中最具特色的量词,这量词本身大概表示名词的属性,既然名词都画了出来,量词自然就可以省掉了。说起名词,想到一个问题,人名、地名不怎么好画,难道要把每个不同的人的面容画上去吗?把山地、草地也体现在画作里面吗?

奇:哇,你一下子把主要的词语类别都画了一遍,看起来很多词类不好画,越接近视觉体验的、轮廓越分明的越容易画出来,就像树啊、草啊,而听觉、味觉、触觉、嗅觉的就很难表示,比如声音、美味、粗糙、难闻等。另外,意义比较虚的词也难以画出来。这和绘画水平的高低关系不大,再好的画工也难以画出"的",能画出来的必定是个聪明的发明家。

思:总结得好!这和口语有异曲同工之处。口语诞生之初就存在着一个巨大的困难,对于没有声音的事物难以称呼,而文字恰好又难以描绘没有图像的事物。一个是听觉通路,一个是视觉通路,各有利弊呀!

奇:就好像是两种媒体,想刻画人们大脑中对世界的认知,各有利弊。

思:如果是两种媒体,那就像是两种不同的语言。而文字的发展肯定想和口语对应起来,便于朗读记忆,用了文字以后人们也特别想把口头约定记录下来。不过,图形的书写有一个困难,就是需

要创造大量的非视觉对象的图形。和口语克服非声音对象的命名的困难一样,文字系统的发展也必定要跨出这一步。

奇:这一步会不会也走了很久很久,就像口语命名的约定一样漫长?

思:也许吧。几万年以前的人类,可能已经会画太阳、月亮了,但是到能够画出你、我、他、快、慢、多、少,可能经历了漫长的岁月。

奇:如果这么说,也许早期的口语和书面语是同步发展的呢!

思:不排除这种可能性。但是它们俩完全同步发展的可能性小,相互促进发展的可能性大。太阳、月亮的发音就是个很大的问题,能画未必能言,而能言的未必好画。口语发展总是在书面语前头,我们还没发现有书面语而无口语的部族,或者只有手语而无口语的部族。归根到底,还是源于人的基本能力问题。绘画技能并非人人擅长,手语的大发展只能满足无声群体的需要,而口语的听说能力才是绝大多数成员所具备的,拥有天然的市场。我们还是得推想到底是什么人能够创造出没有视觉形象的对象的文字。

奇:中国的汉字传说是仓颉造的,传说古埃及也有造字的先驱。这些说法会不会和巴别塔一样,是古人为了解释语言文字的难题而归功于某一件事情或者某一个人身上呢?

思:仓颉造字的时间倒是和甲骨文的出现时间比较相符,古埃及也是如此。我们设想一下,如果说口语的发明人不容易口耳相传下来,但是成系统地发明文字的人,倒是容易借助文字记载流传下来。这两个造字的说法也许是真的。虽然我们不能说,仓颉造了所有的字。但是我想,如果有仓颉这号人物的话,他至少应该做了两件事情,一件是造出了大量的没有视觉形象的事物的字,另一件是把现有的和新造的字规范规范,形成一个比较完整的书写系统。

奇：我知道你在说什么，就是体式上比较统一好看。不过，统一笔式的难度不是很大，无非是对轮廓的一些审美约定。但是造字还是很难啊，他能根据什么来造呢？

思：我们还是困死在这个难题上。不过，困难归困难，也不是完全不能讨论。我倒是想到了一个有悖论的问题。

奇：哦？说来听听。

思：根据我们前面所讲，在口语中，应该尽量避免同音词，对不对？

奇：是啊，用相同的声音对应不同的事物，会造成理解上的歧义。

思：可是，我们的形声字，据说就是用表意思的部件加上表读音的部件构成的。比如，大风的"风"和疯子的"疯"，讥讽的"讽"。假设这三个字的读音在造字的时候是一样的，都读作"fēng"。"疯子"的"疯"，估计人类早已有了疯病，所以当时口语中很可能已经有了这个词，这个词还真的很难用图画描摹，于是给它加了一个"病字旁"，表示发病。

奇：等等！那为什么会是同一个读音呢？

思：这就是我所说的悖论。应该尽可能地减少同音，而形声字却又告诉我们，同音很多很常见。也有另一种可能，人发疯，就像风一样到处跑，所以口语中说一个人疯了，就借用大风的风了。这两个词，意思有点关联，同音也就可以理解了。

奇：我有点晕了，你明明说"风"是"疯"的声旁，表读音的，怎么现在又变成词义的核心意思了呢？或者能不能找到单纯的声旁，不表示什么意义的，来观察观察呢？

思：好家伙，不容易找呢。想想"开店"的"店"和"踮脚"的"踮"，

意思上应该没关系了。这可更让人迷惑了,难道当时的口语中这两个词会是同音的?

奇:有点可怕,这种形声字大概有多少呀?

思:秦朝以前(我们也叫先秦时期)流传下来的传世文献,字形就大都是形声字了,比例起码在70%以上。更别提现在了,我天天用拼音输入法打字,最怕拼音 yi,选字要翻很多页。形声字比例这么高,说明这些字都源于更简单的字的组合,所以同音的字很多。

奇:这些形声字,应该都会造成同音字。那么它们真的是记录口语的?还是仓颉造出来字,然后取个读音呢?

思:虽然我们刚刚说的发疯的"疯"大概是口语已经有的,但是也不排除有些字是先有了字形后再给的读音。当然,后者一时间很难想到一个例子。倒是在化学元素表上可以说说。很多元素都是古代没有说法的,比如"氢"。这个氢元素确实比较轻,又多以气态存在,所以取了"轻重"中的"轻"的读音和意义,加上一个"气字旁"。但是,造出来还真是个同音字。不过,古代人造那么多同音字干什么呢?我所说的悖论就在这儿了。还可以说是两种悖论,原来口语中的词就有大量同音已经不可思议,而新造的字又有大量同音。

奇:我有点晕乎,怎么一会儿字,一会儿词?没有文字以前,谈不上字呀,有了字以后也应该是词啊?

思:对。这事情越来越奇怪了,为什么古汉语里面单个字的词数量这么大呢?一个字就对应口语中的一个词。更奇怪的是,一个字也就读为一个音节。在古汉语里形成一个字等于一个词等于一个音节的连环套。

##  古汉语之谜：1个字 ＝ 1个词 ＝ 1个音节

奇：其他的语言文字也是这样吗？我感觉英语就不是这样。英语里面没有字的概念，人家都是单词，一个词一个词的，一个词有多个音节的，这汉语是奇怪了。但是我们说的普通话好像单字词就没有这么多了。

思：是的。我们得想想这连环套是怎么回事。再梳理一下我们谈过的部分，形声字是最可能造成这种现象的罪魁。我们刚才也想不通为什么形声字的声音一定是相同的。这个前提能不能破掉呢？

奇：我也觉得不可靠，很多形声字在今天不能只读声旁啊，会错！比如我最害怕的"蛇"，只读偏旁"它"，就错啦。

思：你的意思是对的，只是举的例子不一定对，也许古代可能是相同的读音。但形声字也许是我们揭开连环套的关键！如果形声字的读音不完全是声旁的读音，更多的只是相近的读音，那就好办了！

奇：怎么算是相近呢？我大概知道你的意思了，人们在造字的时候，把那些只有语音而无图画的事物记录下来，很想记录口语中的语音，但又没有很好的方法来记录语音，就从已经有的文字图画里面找读音接近的、字形简单的、语义相关的字来记音。如果语义上相关程度比较低，就得再找个表示事物类别的文字做偏旁。读音完全相同的字可能找不到，就拿比较接近的来替代了。

思：没错。你说得太棒了！这也可能是两个过程呢。也许在早期，它们只想到找语音相近的字来记音，而没有想到再加个形旁。

后来发现语音相近的这些字都用同一个字形来表示,实在不利于理解,因为它们的意思相差太多了,于是再去找个形旁加上去,以示区别。

奇:一步到位的可能性确实不大。

思:但形声字的问题不小啊,如果它们只是和声旁的读音相近,只是大概地表示口语里的发音,不那么精确,那么后遗症可不小。时间一久,后来人很可能把它们读成相同的读音。

奇:我又糊涂了。按你这么说,时间一久,形声字读半边声旁就行啦,反倒是今天大量的形声字不能这么读啊。真是有点乱。如果说古代读音一致,现在也不该有这么大差别呀。看来形声字确实是关键。你接着说。

思:是的,时间一久,后来的人很可能把它们读成相同的读音。但是呢,从另一个方面来说,也不太可能。估计当时还是口语为王,大部分的人应该是文盲,读不懂文字的。掌管造字和书写的人必定是少数的。文字的普及还得等便宜的书写工具纸笔的出现之后了。这一小群人按照形旁和声旁的原则造字,会做出什么来呢?好像又到了瓶颈。好吧,回过头来,再看看单音节的问题。我们之前说,几百个不同的音节,对付早期口语的几百个核心词汇是没有问题的。但是词汇量达到5 000的时候,如果还是这几百个音节,那么就会出现大量的同音字。难道我们的祖先会死守这几百个音节吗?特别是,如果这5 000词汇是在文字出现以前就形成了的话,口语中的同音现象会给交流带来很多困扰。解决的办法应该有两种,一种是扩充音节的数量,在音节内部增加元音或辅音,或增加它们的组合,使得音节的数量也随着口语词汇的数量增长,也许声调在其中起到了很重要的作用。另一种方法则是扩充音节的组合，就是用两个、三个甚至更多的音节来表示一个词。

奇：貌似两种都有可能呀。说到声调，作用不小，普通话的四个声调，就可以使得音节数量翻四倍呢！我喜欢粤语歌，据说粤语有九种声调呢！那不是可以把音节数量扩充九倍？正好四五千个词。

思：不过现在的粤语仍然有大量的同音字，声调扩展没有那么神奇，不是所有的音节都有十种声调的，和元音、辅音的组合一样，总有很多组合是不被使用的。就拿普通话的 ri 来说，其实只有 rì 一个声调可读。退一步说，就算音节数量达到了 5 000 个，汉字的数量有几万个，还是有大量的同音字存在。再退一步，你觉得是用音节种类扩充的方法容易，还是采用多个音节的方法容易呢？

奇：的确是后一种更加简便。5 000 个音节，记忆负担太重啊。5 000 个词怎么都要记忆。只是发出 5 000 种不同的音，用单音节的方式太费劲了。这 5 000 种音，内部总得有点联系吧，如果一点联系都没有，记忆起来还真困难。如果是多个音节组合，就方便多了。哎，好像造词也方便呢，像汽车、火车、机车、电动车，都有个"车"在里面。用一些基本词汇的组合，来表示新的事物更方便。如果只用一个音节、一个字的话，画图画成一个字倒是容易，可怎么称呼它们呢？

思：你这个例子好，汽车虽然是现代的事物，也不妨碍我们设想古人会怎么造这个字，但这个字未必属于那种口语里已经有的字。汽车是车的一种，车字旁应该是少不了的，可是用什么来表示发音呢？没有发音啊！

奇：要创造了。好在汽车有声音的，你看小孩子都把汽车称为"嘟嘟""嘀嘀"。那我们就造个"车+都"或者"车+帝"，如何？

思：仓颉再世呀！我很赞同，这样以后我们就不用写"打的（打出租车的意思）"，直接写"打［车+帝］"了。不过，我们又造了个同音的字，哈哈！同音的字又多了一个。火车呢，嗷嗷叫，难道是"车+嗷"？也凑合。电动车，没辙了吧？

奇：电动车真的不行了，不能总用喇叭的声响来代替呀。救护车、救火车、警车还得是旋转的叫声，形声字有点吃不住了。还是用意义组合的方式好，易记易理解，多音节也避免了发音歧义。

思：古代虽然没有这些车辆，但马车、牛车、单轮车、双轮车、四轮车、两匹马的车、四匹马的车等等，车子的种类也很多。当时的人们造新词来描述这些事物的时候，是会采用形声字的单字方法，还是采用多字词的方法呢？

奇：我见过一个字，"驷马难追"的"驷"，好像还是在用单字来表示的。还有元素周期表，咱们中国人好像还是倾向于造单字。

思：造单字就是造新词呀！我终于明白为什么汉字的数量这么巨大了。原来他们就是在不停地用单个汉字来表示新事物，不停地造，疯狂地造。有人统计过，汉字至少有 100 000 个以上[①]。

奇：原来如此！虽然我们好像已经偏离正题，得到这个结论也算是收获。不过，他们为什么不用多字词的方法呢，简单好用啊！

---

① 现在进入 ISO 标准的 Unicode 字符集的汉字就已经超过了 70 000 个，参见网站 http://www.unicode.org，目前还在不断增加。

思:多字词的方法大概也用的。至少两千年以前,《诗经》里面就有不少多字词,像"蒹葭苍苍,白露为霜"的"蒹葭"不就是嘛。还真别说,这个词有趣呢!都是草字头,表示一种草类植物,jian jia 呢,表示读音。嘿!如果这两个字形真的是当初的写法,你看看,不就是多个字构成的形声词嘛!

奇:**形声词**,一个新说法。这种植物,在口语里肯定有了发音了,文字如果想记录读音的话,只能老实记录下来,就成了这个样子。不过,他们为什么不记作一个字呢?

思:如果记录成一个字,这个字就得有两个音节了。

奇:对啊,为什么古人一定要一个字对应一个音节呢?

思:这个问题,好像更为重要,也更难讨论。也许古人未必是一个字对应一个音节,一个字为什么就不能对应两个以上的音节呢?词汇量上千之后,口语里的多音节词应该不少了。而造字的时候是按照对象来造的,所以呢,造字倾向于一个对象对应一幅图,也就是一个对象或概念对应一个汉字。所以字和词容易画等号,而字和音节的等号就不一定了。

奇:这事情有点难办,无从考证呀。字基本上流传下来,但读音在历史上的变化太大了。

思:所以要考证的话,我们得看看世界上其他语言文字的对应关系了。不过,先不着急,我们试想一下,如果一个汉字可以对应若干个音节的话,会有什么结果?

奇:这倒是个有趣的说法,那我们读书的声音都变了。对了,像你说的《诗经》,岂不是会变成长长短短的句子?

思:《诗经》基本都是四个字一句,如果一个字可以对应多个音节,这下好了,就会变成 4—8 个音节一句了。屈原的《离骚》也变

了,原来是七八个字,就变成 7—16 个音节一句了。《诗经》这么推算已经有点离奇,《离骚》就真的不行了,一句诗有十几个音节,太多了。不过这两部作品时间差距有一千年甚至更久。或许在《诗经》的年代,汉字还是多音节的,到战国末期就单音节了。也不对,后来曹操的诗歌还是五个字一句。

奇:会不会因为《诗经》、曹操的诗歌都产生在北方,屈原在南方,南北有差异?

思:曹操的年代,还有不少其他人的诗歌,很多是五字一句的,还有其他类型的作品。如果每个字对应了多个音节,早期的诗歌都成了宋词了。虽然我也想过,是不是诗歌一直都是宋词一样的长短句的模样,但是宋代诗词并存,让我打消了这样的想法。

奇:莫非这汉字一开始就是单音节的?

思:虽然我一直不愿承认,但找不到一丝反面证据。如果能找到一个这样的字,也就揭开了谜团。不过,就算汉字一开始不是单音节的,至少到了战国时期,也发展成单音节的了。

奇:这样的话,在词语大发展时期,应该是多字词,也就是多音节词快速发展。怎么会形成单字连环套呢?

思:好像连"蒹葭"这样的词,到后来也变成一个字了。历史上一定发生了什么,我们一定遗漏了某个重要因素。假如说当初造字或后代重新造字的时候,把"蒹葭"造成一个字呢,你觉得怎么造比较合适?

奇:难以想象。没辙呀。

思:换个简单点的,"窟窿"呢?

奇:你可真能找。"窟窿"不就是"洞"嘛。部件"穴"就说明它的语义类别,而两个字也都用了表音手法,是个形声词。可是要造成一个字,"洞""孔",好像意思也差不多,会不会是后代造出来的?

思:ku long 和 dong、kong 的发音还比较接近,有这种可能。特别是"孔"的发音,k+ong,一个取前,一个取后,组合起来正好。反而是"孔"这个字不像形声字,应该是比较早出现的字形。"孔"在早期的铜器上的字形近似于一个小儿,头上加一条曲线。有人说是小儿头有孔,有人说是小儿吃奶。说法多样,应该都属于猜测,不太像是窟窿的意思。会不会后来造字的时候就出现了两种,一种是音近的字来代替,就用"孔"来写;另一种是按形声方法造了一个词。

奇:嗯,我们前面讨论过,同音或音近的字直接替代,或者造新字出来。可我觉得你说得太复杂了。"窟窿"用绘画形式不难表示呀。画一个小小的圆圈不就行啦。

思:对呀!反倒把最简单的形式忘记了。有必要的话,我们是要把所有的字重新自己造一遍,一定有很多新发现。不过圆圈可能是太阳,也可能是轮子,也可能是颗小球。圆球状的东西比较多,怎么区分也是问题呀。

奇:所以,还是有可能再为"窟窿"造新字的。

思:"蒹葭"的情况,就复杂了,两个字的发音很接近。如果合二为一,倒也未尝不可。

奇:等一等。也许"孔"在远古就是两个音节呢?如果把"窟窿"说得快一些,正好一样。

思:又绕回来了,还是有不少同音现象。到底是同音,还是发音相近?

奇:被你绕晕了,能不能喝口水歇歇。

奇：喝了水，果然好多了。讨论到这儿，我想关键的问题还是同音字。

思：是的，我真的希望在历史上，这些字并不同音，大多数只是发音相近。文字出现以后，可能对口语有比较大的影响，人们会在心理层面上多了文字的字形作为区分意义的依据。当一个读音有多个字的时候，人们就会问到底是哪一个字。我们今天经常遇到这个问题，也算是汉字的后遗症吧。

奇：还是不清楚原因，该换个路子了吧。

## 苏美尔、古埃及的造字法

思：是该看看其他早期文字的面貌了。我们不能总徘徊在汉语汉字的迷宫里。苏美尔文，这个比古埃及文还要古老的文字，在西方学者的努力下，借助古波斯文和阿卡德文得以破解[①]。现在还有大量的苏美尔泥版有待释读，已经解读出来的那部分泥版，大都是商业活动的记录，账目、交易记录占了很大的比重。和甲骨文主攻占卜活动相比差距较大。不过，这些记录都可以看作语言发展和文字出现的动力。那么苏美尔人是怎么构造他们的文字的呢？

奇：也是画画？

思：是的，早期也是文字画。自然会遇到那个同样的难题，如何画出没有视觉感知的对象。古埃及文、玛雅文也是一样。

---

① https://en.wikipedia.org/wiki/Sumerian_language.

图1-3 苏美尔泥板上的大麦字样①

公元前3100年左右,两河流域就已经种植大麦,并记录数量。其笔画构成的字形比较类似于绘画。图1-3中的**楔形文字**即为大麦的字形。后来书写工具发生了变化,使用一种新的笔。而书写的方向也从上下转换为左右。在后期的苏美尔文中,"大麦"又衍生出了表音的功能。大麦的字形简化掉了一竖,大麦的发音是she。

图1-4 苏美尔后期大麦字样②

---

① 图片来自http://www.mesopotamia.co.uk/writing/story/sto_set.html。
② 图片来自http://www.mesopotamia.co.uk/writing/story/sto_set.html。

| 公元前31世纪 | 公元前28世纪 | 公元前24世纪 | 公元前6世纪 |
|---|---|---|---|
| 🌾 | 🌾 | 🌾 | 🌾 |

图1-5 大麦的字形演变①

苏美尔文字大麦的字形演变很像汉字的篆书、隶书对字形的规范化。跟汉字不同，苏美尔文发展到后期基本成了表音文字，比如利用"大麦"的 she，来拼写"无花果"she-er-ku。

无花果 she-er-ku

图1-6 无花果的字形②

虽然我没有找到意义比较虚的字形，但就这个字的发展来看，走了一条不同于汉字的道路。书写工具的改变，使得字形简化，后又导致字形基本变掉了。字的数量也从一开始的增长变为缩减，从早期的1 000个字左右减少到400个左右。这400个字形与音节的数量相当，也就是用来记录音节的发音。所以整个文字系统从开始的图形表意为主演变成了音节文字。

---

① 参考自 http://www.mesopotamia.co.uk。
② 参考自 http://www.mesopotamia.co.uk。

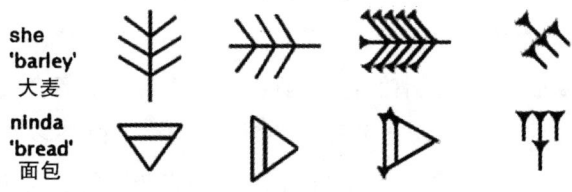

图 1-7 苏美尔词语示例①

再看看用大麦做的主食面包的写法和发音,注意了,是 ninda,双音节。苏美尔的早期文字发音可以是多音节的。

奇:哇!这真是走了一条完全不同的道路,在发现用图形造字困难之后,他们居然放弃了图画的方法,转而用**文字来记录音节**,然后用若干个音节就可以记录词语了。为什么我们汉字不这么做?我们用了形声字的方法,但又不放弃一个图形一个词的对应关系,只会造成大量的同音词呀!

思:苏美尔文在阿卡德人手中进一步改进,文字数量再次减少到几十个。

奇:几十个?这也能行吗?

思:想想英语嘛。几十个,就用来记录每一个元音和辅音了。**字母文字**就这样出现了。

奇:完全不同的道路!古埃及文呢?

思:古埃及文早期也是图画性质,后来也只剩了几十个字母,演进道路非常相似。

奇:古埃及和苏美尔在地理位置上距离近,很可能有文化交流吧。那么玛雅文呢?

---

① 图片来自 http://ancientscripts.com/sumerian.html。

思：玛雅文,幸好玛雅文也被西方学者破解了。研究结论让人震惊,居然和汉字很像。不像苏美尔文和古埃及文,玛雅文没有特别简化的字形,书写特别耗时。玛雅文存在声旁和形旁合成的字,同一种发音的部件可以有多种写法,但一个字可以是多音节的。比如猎豹 b'alam(a)是三个部件的合音。读音相同的不同部件,往往指明了事物的语义类别。换句话说,虽然用声旁,但是在不同的事物上要区别使用。

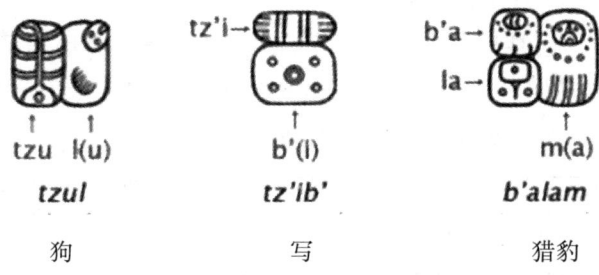

图 1-8　玛雅文词语示例①

我现在对这些文字的了解大概就这么多。我觉得,汉字的特殊之处在于和单音节、单个词的捆绑,这个连环套在其他语言中都没有出现。所以我迟迟不愿意观察其他古老的语言,而想直接推导出汉字的谜底,可是我们失败了。

奇：失败也许是成功之母。看了其他的文字,我突然想到,汉字开始的时候难保不是多音节的。后来有个特殊的原因,使得它单音节化了。

思：我也是这么想的,这个特殊的原因,也许真的太特殊了。而

---

① 图片来自 http://ancientscripts.com/maya.html。

且看看现在遗留下来的方言,单音节词还是很多的。不知道是不是受了书面语发音的影响,还是本来就这样。我最近留意到一个线索。

奇:是什么?

思:声调。这是我最不可理解的问题之一,我把想法说出来,你看看和汉字单音节化有没有关系。

奇:好!

思:我的母语是北方话,但是在方言学的资料以及电视上,我了解到吴语、粤语、闽语等方言的声调都比普通话复杂。普通话的四个声调我们都很熟悉,也可以理解,但是南部的这些方言还有个入声,是以-p、-t、-k、-l、-m作为尾音的。比如粤语中为什么把 taxi 翻译为"的士",就因为他们的"的"发 tek。把洗发水 lux 翻译为"力士",也是因为力的读音是 lik。

奇:对北方人来说,是难以理解,像南京话还有个喉咙一紧的入声-?,"白""黑"的发音就是如此。我学得老费劲了。

思:语言学家认为南京话的这个入声来源于-p、-t、-k,是退化版本。这个不是重点,重点在于为什么会有这么奇怪的尾音。普通话的尾音只有 n 和 ng。如果说这五种也是尾音,那-s、-f、-h、-z、-c 怎么就不做尾音呢?英语和其他语言的音节末尾的辅音很多样的呀。所以我想,会不会还存在一些没注意到的南部方言,含有其他的辅音尾巴。

奇:希望能找到。不过即使找到又能说明什么呢?何况很可能找不到,也许在某一种语言里人们在一个音节里只用某些辅音做结尾呢?

思:我想这辅音的尾巴会不会就是双音节合并为单音节的残留

物。第二个音节的元音被删掉了,只剩了个开头的辅音。不可能所有的词都是多音节的,所以只有两个以上音节的词会变成这样。

奇:可你这样假设的话,标准的音节就变成了"辅音"＋"元音",末尾的辅音都没了,就不是很典型的音节结构了。如果你的假设有道理,我来想想看,那么形声字就……会……是……只记录主要的音节,并不完全记录真实发音。

思:还有个问题,为什么南方方言的声调大概是十种,甚至十一种。为什么会有这么多种声调呢?声调在非洲的很多古老语言中都存在,包括美洲的古老口语。但是声调的数量远远没有那么多个。因为其他语言的声调在同一个音节内部几乎不会发生曲折,大都是平调(高调、低调、中调)或升调、降调。汉语方言有曲折调,而且普通话的第三声也保留了这一点。做何解释呢?

奇:如果从音节的自然音高考虑,元音频率低,辅音频率高,也形成不了这么多种声调。

思:而且声调是附加在发音完全相同的音节上的,与音节的发音没有直接关系。

奇:对的。

思:所以,我对曲折调来源的猜想就是,由汉字的单音节化造成的。多个音节合并成单个音节,每个音节都有原始的音高,连读以后就形成了高低起伏的曲折调。

奇:虽然你的想法很疯狂,但是单音节化确实可以同时解释入声尾巴和曲折调的问题。

思:而且你有没有发现,汉语的声调实际上是和每个字联系的,而不能单独地作为一种手段,来改变词性,或者创造新字。这是西非流行的豪萨(Hausa)语,四个声调分别为:高调(字母上加-)、低调

(字母下加-)、中调(字母下加·)、降调(字母上加`)。

表 1-1 豪萨语声调示例①

| 豪萨语 | 汉语 | 豪萨语 | 汉语 | 语义关系 |
|---|---|---|---|---|
| arā | 借入 | āra | 借出 | 对义 |
| amfānā | 获利 | amfāna· | 有利于 | 对义 |
| gōra | 竹 | gōrā | 葫芦类容器 | 材料—制成物 |
| koyā | 学习 | kōya | 教 | 对义 |
| yāmussa | 混合 | yamūtsa· | 变混合 | 动作过程—结果 |
| bisa· | 反对 | bìsa | 在……之上，顶端 | 引申 |

从表 1-1 中可以看出，他们的声调是在进行词义的转化，汉语的声调可没有这个能力。虽然也有人说古汉语里面存在这个现象。我想，如果古汉语存在这种现象的话，古人为何没有在字形上体现出来呢？在字上加个小标记，或者口语中的其他证据。我在学古汉语的时候，老师总说"王"有 wáng 和 wàng 两种读音，为什么要有两种读法，没有交代。

奇：不过，我们还是不知道汉字单音节化的动力是什么。

##  汉语外来词

思：是的，这是一个极大的谜题，也许我们讨论不出答案来。我们的祖宗最终也受不了这种连环套了。汉语至少在一千年前就开

---

① 程汝祥. 简明豪萨语语法[M]. 北京：外语教学与研究出版社，1997.

始出现了极大的变化,多字词开始不断增加了。现代汉语中,多字词已经占了绝对优势。过去的很多单字词都被多字词取代了,比如"目—眼睛"。

奇:肯定是,我们讨论过这个问题,多个音节、多个字的组合才能表示更多的对象。

思:没错。可是汉语今天仍然存在大量的同音字,给语文教学、文化交流、日常生活乃至语言信息处理都带来了很大的负担。如果我们想摆脱这一困境,解决的方法自然是在口语上进一步增加多音节词语,然后在文字层面减少汉字的数量,使得汉字慢慢只剩下表音的能力。结局就和苏美尔文字的演化史一样了。但是,我们能放弃大量的古籍吗?我们能一下子创造那么多的多音节词吗?日本、韩国采用的极端方法,就是用自己的文字直接拼读英文,最大化地减少翻译成本。我们好像也开始了这个进程,麦当劳、迪士尼、比萨、沙发都成了习以为常的词汇了。甚至对可以意译的词也直接用音译来代替,比如普林斯顿(Princeton)、纽约(New York),完全可以翻译为"王子村"和"新港"。

奇:现在中国、日本、韩国都在走苏美尔文字的老路,用汉字对应音节读音来拼读其他语言的发音。

思:其实这件事,至少在佛教传到中国的时候就开始了。梵语是多音节语言、字母文字,梵语佛经来到中国,就会遇到翻译问题。我们现在常说的"刹那""观音""佛陀",其实都是按音节音译过来的。

奇:哇,那匈奴、胡人、蒙古人的入侵肯定也产生了一些翻译词汇吧。

思:你看,匈奴、蒙古这两个词,还有呼和浩特、乌鲁木齐这些地名,实际上就是音译的结果。

奇:那还有哪些外语词汇进入了汉语?

思:文化交流中,外来词汇的进入不可避免。因为外族语言中的很多概念,咱们汉语没有,很难按照意义去翻译。特别是宗教词汇、科技术语,你看现在连 GPS、NBA、卡拉 OK、4G 手机、X 光都进入了汉语,很难找到简洁的纯汉语翻译。如果谁能想出来,也算是功德一件。

奇:还有 CT、DVD、xBox 等,确实不好翻译。

思:日本人在明治维新以后,接触到了西方的众多新事物,他们一开始并不像今天完全用假名来根据音节拼读英文,而是着力用汉字来从意义上翻译。

奇:哦?日本人用汉字翻译?他们为什么用汉字呢?

思:这件事说起来更有趣。日本人在千年以前,从中国学习了汉字,使得他们的国家开始有了文字。我很不解,因为日本口语在今天看来是一种多音节的词汇系统,他们如果采用梵文字母会更容易描写其口语,却偏偏学习了汉语汉字。直到今天,日本人还在沿用汉字。很明显汉字的发音和日文的发音是不对应的,所以汉字在日本就出现了音读和训读两种读法。一种是按照汉字在唐宋时代的发音来读,叫音读。另一种训读,则是从词义上以日本读音读出来。就像我们看到英文的 human,human 就是音读,查查字典知道是人的意思,就会说"人",rén 就是训读。再比如日本车"本田"的日语读音是 honda,用的就是音读。我们可以想象能够用音读的日本人受到了很好的教育,因为他们的日常口语和汉语差异太大了,完全要另外记忆一套汉语的发音。能掌握训读的人也真不容易。后来,日本才使用了五十个假名的音节文字系统,每个假名都是一个音节,来拼读口语中的发音。明治维新时期,日本的书写文字仍然是汉字,他们创造性地使用汉字的意思翻译了一大批西方名词。这些词由于天生和汉字的血缘关系,加上当时留学东洋的中国学生和日本人来华投资以及日本发动侵略战争,这些词大量地进入汉语。我们简直无法把这些词丢还给日本人。

奇:都有哪些词呢?怎么会大量进入汉语?那当时的中国人怎么不翻译西方名词?两者之间应该会有翻译战争?

思:比如有"名词、科学、民主、质量、社会、经济、进化、服务、组织、纪律、政治、革命、党、方针、政策、申请、解决、理论、哲学、原则"等等。有人统计过,至少好几百个都来自日语①。这些词的使用已经深入现代汉语的骨髓。中国人也有翻译的,可是影响不足。

奇:天呐!中国人为什么没能抗住日语汉字词的入侵?不过,说实话,这些词真的翻译得不错呀。

思:是的,日本人也是煞费苦心翻译出来的,用的都是汉字的意思,所以到中国容易被接受。当然这可能是由日本军事经济文化的强势导致的,但我们看看以严复为代表的中国翻译家们的翻译,严复用"计学"而不用"经济学"一词,用"天演"而不用"进化"一词②。严复的翻译还是在用文言的偏古代的意义翻译,而日本人则是用汉字的偏口语的意义来翻译,被接受程度自然会有区别。

奇:换句话说,中国的主流知识分子还是古风派,读书写字还是偏于文言。

思:是的,文言文直到20世纪初,仍然是官方的主流文字。不

---

① 宋纯.基于统计的汉语日源词研究[D].南京:南京师范大学,2012.
② 可参考:俞政.严复著译研究[M].苏州:苏州大学出版社,2003.此外,还有诸多网络新闻,如http://cul.qq.com/a/20151208/041547.htm.

好,我们跑得太快了,已经讨论到了汉语文白对立的问题了!我们应该回归到语言的词汇发展,现在该讨论的问题是词汇量发展到五万词的情况。

## 文白分立

奇:看来思路比我跑得还快,哈哈!那就先把汉语的文白对立给讨论了,然后再补就是,思路断了也不好呀。

思:有道理,那就继续吧。这文言文,至少从甲骨文就开始了,到了春秋战国时期就已经非常成熟了。加上实行科举制度后,两千年来,文言文就是官方书面语言。像四书五经都有无上的地位,是写文章的标准模板。可是从前面的连环套来看,我们的口语未必是和文言文完全对应的。即使退一步,假设文言文就是春秋战国时期的口语的书面语,那么到了后世,口语在词汇上会有变化,特别在佛教传入和多民族、多语言交融的多个历史时期之后。文言依然没有什么变化,口语却在变。我们从偏口语的古代文学作品中看到,明清的四大名著,已经和文言文差别巨大。再往前,汉魏六朝的文人笔记和民间小说也更接近于我们现在的方言口语。

奇:汉魏六朝之前呢?

思:流传下来的作品太少。像《诗经》《楚辞》,虽然偏口语,可还是经过了明显的修改,不能直接体现当时的口语。当然《诗经》《楚辞》与当时的文言文相比,差别也很大。

奇:那就是说,文言和口语一直是两套?

思:很可能是两套。我们之前讨论的结果不就是,口语中的词汇应该是以多音节为主,而文言文的汉字词汇以单音节为主。《诗经》和《楚辞》中的多音节词确实很多。所以,会不会一开始就形成了两种大的分野,口语是自然口语的发音,而文言有文言的读音。也就是说,汉字有不同于真实口语的单音节读法。

奇:哇,那是少数派读书人为之?

思:在春秋战国时,文盲率很高,不排除这个可能性。但是蔡伦的纸发明和普及以后,汉字的书写成本大幅降低,汉字的普及教育才会简便起来。

奇:有这个可能。看电视里面,春秋战国用的都是竹简,好笨重的书呀。如果换成纸就轻薄多了。就像我们今天不爱台式机而喜欢笔记本电脑,不爱电话座机而喜欢轻薄手机一般。

思:是的,所以这大概可以解释为何从汉魏六朝开始,民间的偏口语的文学得以发展,而且以文字的形式记录下来,让今天的人们读到、看到。口语文学的发展,从另一个角度来说,就是文人大量使用文字在记录口语了。这是与春秋战国时期的巨大区别。在这一时期,语言学家们发现了很多前朝未见的词汇,特别是量词和虚词的发展①。口语作品中几乎没有"之、乎、者、也"。你说,这是词汇的发展,还是文字记录了口语现象,使得表面上出现了很多新词?

奇:我觉得后者的可能性更大。就算词汇大发展,也不可能一下子发展出很多很多东西。而且这些概念偏于日常用语,而不是那些科技语或佛教词语。

思:是的,不过佛教的传入,给中国的知识分子带来了新鲜的工

---

① 柳士镇.魏晋南北朝历史语法[M].南京:南京大学出版社,1992.

具。梵文是表音文字,古印度的学者很早就研究过梵语的词语和语法上的形式变化。而学习了梵语表音字母的中国人,势必潜移默化地用表音字母的方式来观察汉语。

奇:还有印度的僧人,学习汉语的时候,他们也更倾向于用字母来拼读汉语。

思:这我倒没想到,也许印度学者的贡献更大。不管是哪一方的力量,都使得古代中国慢慢兴起了研究汉字发音的学问。汉字的声母、韵母、声调的概念都由此而来。

奇:文化交流很重要嘛。

##  大词汇量时期

思:好了,现在我们可以回过头来考虑词汇发展到约五万词的大词汇量阶段了。这个阶段对汉语来说,也许在春秋战国时期已经达到。我们保守一点,唐宋时期总是能够达到的。那么这五万词,我们说过,没有文字的口语系统是不可能达到的。必须借助文字系统才行。那么文字系统该如何承载这五万词呢?

奇:看看已有的几大文字体系,文字无非就是表音文字或表意文字。显然不停地画画造字,难度太大,还是用表音或音义结合好办些。

思:对于新的事物,往往需要创造新词。新词在口语层面上看,最好是新的发音,而音节结构已经大致固定,比较现实的方式自然是多音节排列,把口语中常用词组合起来形成新词。比如我们前面说过的"车、汽车、火车、机车、自行车"等等。可是汉字的

惯性使得人们习惯造一个单字来表示新对象。而这个字,由于是单个的字,没办法,想发出新的语音不太可能,就从已有的发音中选取一个,就像元素周期表里面的"氢"一样,意义上也力求有所关联。所以呢,这汉字一直这么被造出来,总量突破十万个,同音字比比皆是。而西方的文字体系,大都是表音的,他们还是采用了音节组合的方式。有趣的是,汉语有文言和口语两套系统,文言的说法往往不是唯一的说法,还有民间口语的说法,古代民间识字率低,他们的说法往往更直白,或采用隐喻(打比方)方式,他们的命名自然会采用多音节的方式。所以文白之间,仅仅看词汇层面,差距会越来越大。直到20世纪初,文言才逐步退出官方语言的舞台。

奇:那么在句子的组织方面呢,也就是语法方面,口语和书面语会有大的差别吗?

思:语法也会有差别,主要体现在词序和虚词上面。不过,这个也容易理解。毕竟记录的媒介不同,文言未必忠实地记录口语发音,再加上又发展了这么多年。我想,很多方言口语创造的新词未必会被文言或偏口语的书面语记录下来,看看这些多音节的无文字的口语词,可能更有价值。

奇:是的,好像各种方言都有点方言词汇,比如方言词"旮旯"什么的。

思:这说不定是很久远的多音节词呢!

奇:有意思,看来方言很值得研究!

思:不是一般地值得研究,很值得!我一直在想,中国最古老的方言是什么?能不能给每种方言口语断定一个大致的语言年代。

也许一个方言并不纯粹,会有多个年代的印迹,但我们仍然可以把这些语法和词汇上的印迹统统记录下来,形成一个数据库。这样子,我们就可以在全局上把握汉语的来龙去脉。

奇:为什么只是汉语的方言?如果能把东亚的,甚至全世界的语言都录入到数据库中,岂不是更好?也许就可以瞥见最古老的人类语言呢!

思:我亲爱的更亲切,你真是太厉害了!咱们现在还在空想阶段,可是西方学者早就行动起来了。他们把各种语言的研究结果都做成数据库,现在比较有名的是 WALS(世界语言结构地图)[1]。该地图汇集了全世界两千多种语言的资料,一查便知各种语言的特性,或者某种语言是否有某种特性,比如,我们可以观察有多少语言有声调、有量词,语序如何,等等。

奇:那他们有没有寻找最古老的语言呢?

思:他们也想到了。之前,他们就把世界上 500 多种语言的各种属性比来比去,想看看这些语言到底有什么属性能够和人类迁徙的历史联系起来。

奇:人类迁徙的历史?就是从东非向全世界蔓延的迁徙过程吗?这能做得出来吗?

思:经过不断尝试,他们成功了,至少是部分成功。WALS 目前还有各种语言的词汇表,仅仅根据很多的语音、词汇和语法属性,他们就找到啦。他们发现,一种语言音素的数量,也就是元音和辅

---

[1] 世界语言结构地图网站地址:www.wals.info.世界语言结构地图的网络版本是一个描写语言结构(音韵、语法、词汇)属性的大型数据库,这些语言结构属性是由五十多名专家学者从描述性材料(例如参考语法)中搜集而来的。

音的数量总和,可以大致表明语言的历史年代。然后绘制出来的语言扩散地图和人类扩散地图很吻合①。

奇:他们确实很聪明,从我们一开始讨论的问题入手。在口语发展的早期,语音和对象的约定是松散的,发音更具多样性,反而是词汇量越多,语音系统的规模就会越小。哎呀,他们确实抓到了这个蛛丝马迹。

思:是的,越是采用音节扩展的方法增加词汇量的语言,其音节就越倾向于稳定,元辅音的数量甚至音节的数量也就慢慢在减少。因为音节扩展可以是指数级增长,基础音节少一些,可以减轻记忆负担。

##  数学的语言

奇:我觉得我们这么聊,还是缺点什么?

思:少了什么?

奇:不够科学,没有科学的味道。你看物理化学都有大量的公式,我们俩聊了半天也没个公式。

思:为什么一定要公式呢?

奇:公式才是数学的、逻辑的表达嘛!

思:那数学和逻辑是不是语言?

奇:你说什么?它们是不是语言?数学就是数学呗,数学就是

---

① Atkinson Q D. Phonemic diversity supports a serial founder effect model of language expansion from Africa [J]. Science, 2011, 332(6027):346-9.

它自己,数学是最为纯粹的学问,不需要外在世界的实证,纯粹是数、变量、关系、公理、推导变换的世界。逻辑也是如此。

思:按照你的说法,数学完全是心学了。那么"1+1=2"是怎么来的呢?难道不是对外在事物的感知,然后形成的一种经验吗?

奇:那最多形成简单的算术,距离数学远着呢!

思:数学不是和语言一样吗?数学有自己的词汇,你说的数和变量就是吧。数学也有自己的语法、关系与推导变换,不是吗?

思:而且数学公式几乎都是可以口头读出来的,和口语也有对应关系,不是吗?

奇:这个……可感觉上它们差距巨大呀。

思:我当然承认,数学和日常语言差距巨大,但数学是不是一种特殊的语言呢?

奇:这个说法稍微好点。数学和日常语言最大的差异,应该是不关心情感意思的表达,而纯粹是数的世界。

思:数学好像也存在口语和书面语之分呢。

奇:是吗?数学应该早已有了自己的世界。

思:那么它在早期是口语形态,还是书面文字形态?

奇:这个?不好说先有哪个,也许一开始只有口头的几个数字而已,但也会用手指比画比画,然后拿几个石头记录下也说不定呢。

思:那么数学的词汇的发展,进制的确定,公式的出现,会不会也像口语的发展一样?

奇:是的,为什么古代就有十进制、五进制和六十进制。一年十二个月,可以看作是十二进制,我们的十二地支就是啦。真是很奇

怪的。感觉上应该是口语和书写系统一起演进的。

思：五进制、十进制也容易解释，人都有两只手十个手指嘛，用来表示数量的多少是很方便的。十二进制也容易解释，根据月亮在天上的阴晴圆缺来确定，而根据月亮在天空中的位置还可以使用三十进制。有些文明还有三百六十进制，也容易解释，因为一年差不多是360天，一个周期下来正好是一年的气候循环。二进制也容易，白天黑夜嘛。倒是六十进制不太好解释。六十进制是苏美尔人的发明，他们商业发达，有人就说六十进制是为了好做均分。

奇：均分？

思：比如，我们要给一群小狗分糖果，需要多少块糖才能够好分呢？比如小狗可能是1只、2只、3只、4只、5只、6只，等。

奇：这是个最大公约数的问题。按一般来想，带10块糖，只能满足1只、2只、5只、10只小狗的分配，而带12块糖，就可以满足1只、2只、3只、4只、6只、12只小狗的需要，60块糖则可以满足1、2、3、4、5、6、10、12、15、20、30、60。六十进制确实很方便呢。因为六十进制可以满足2、5、10、12、30进制的需要，还能衔接三百六十进制，确实是个不错的方案。

思：数的问题在于书写方案。较大的数字纯粹依靠口语是很难记忆的，得有个书面的凭证，也便于做生意。

奇：可以用石头，或者像苏美尔文、甲骨文那样刻出来。听说还有古人结绳记事呢。

思：问题是用什么方案可以便于书写1到1亿的数字呢？

奇：哦，你是这个意思呀！

思：是啊，这也是词汇的发展，不是吗？

奇：那就用进制的方法呗，有多少进制，就设计多少个符号，比如十进制，就设计 10 个符号，然后排列起来表示数值大小。十二进制就设计 12 个符号，六十进制就 60 个符号，但也有点问题，三百六十进制莫非要 360 个符号？

思：你有没有想过，0 这个符号。没有 0 的话，表示数字就不能只用你说的方案。

奇：我想想啊，比如我写 321，"三二一"，可以的。但是写 300，写成"三"就不行。看来得有"0"这个符号，写成"三00"，貌似可以。或者每进一位，就用一个位数值来表示，比如"个、十、百、千、万、亿"。对了，如果数字很大，比如一亿，岂不是要写一大堆"0"呀，所以我们现在的数字系统是两种并存的。

思：怎么样，用语言的方式考察数学还是有收获的。

奇：真是。那么按你的意思，加减乘除开根号也一样重要了。

思：对啊，你看，数学公式都是能读出来的，而且怎么读，还得根据运算的优先级，这不就是语法吗？数学在构建自己的书面语的历程中恐怕走了很长的路。历经很多改良方案，才能足够简洁地表示各种数学关系，特别是方程的发明，简直太伟大了。

奇：这么说，书面语的构建对数学也有反作用了。词汇和语法造得好，可以推动数学的发展，如果造得不好，会给书写甚至思考带来很多麻烦。

思：是的，古罗马的五进制、十进制混合的数字方案就很烦琐，写一个大点的数字，比阿拉伯字母的序列可长多了。咱们汉字还好点，但是汉字的数学就一直没能出现比较好的方程表示。这很可能导致咱们的数学不发达,基本上还停留在算术的阶段。

奇:难道文字符号系统还有这种魔力?

思:不止是数学,音乐也是如此。

##  音乐的语言

奇:你的意思,音乐也是语言?

思:音乐有词汇和语法吗?

奇:这个好像谈不上呀,莫非音符是词汇,那语法又是什么呢?是乐理吗?

思:如果这个不好说,从口语和书面文字的角度看呢?

奇:书面文字?音乐不是视觉的,是听觉的,它是声音啊!

思:可是音乐是不是要记录下来呢?

奇:记录音乐,当然是磁带、CD、手机,原汁原味的,我可爱音乐了,想着想着都想高歌一曲!

思:当然啦,那记录视觉的也是手机电脑的数字方式更好了。可是你想想古人怎么记录音乐呢?

奇:你是这个意思呀。最基本的方法当然是口耳相传,但是最好还是书面记录下来。可是这声音该怎么记录呢?哆来咪发唆?还是就记录个歌词?也不行,得把曲调记录下来呀。那就用7个不同的文字符号记录7个基本的音符。每个八度呢,再加小撇什么的。对了,还有长短,这个真麻烦了。休止符倒是好处理,长短,难道用长横和短横?

思:你说的大概可行,和今天的简谱很像。可是你想过没有,为什么是7个基本音,而不是更少甚或更多?

奇:这个是音乐的基本理论吧。中国古代好像是用的宫商角徵羽五个基本的音。大家寻找的基点不同,但音的数量应该差不多,大家都有同样的听觉能力嘛。其他的音可以用升降调来解决。

思:聪明!不过宫、商、角、徵、羽对应的是1、2、3、5、6,所以咱们的民乐里面基本不用4和7,这个在其他民族的音乐里有的用得就很多,听起来韵味不同。

奇:4和7是两个半音,看来咱们祖宗喜欢比较稳定的音符。

思:说也奇怪,不同的音,在听感上就是能引起不同的情感。所以有人就问,到底是音乐本身就有情感,还是音乐和我们内心的某些东西密切相关。

奇:是的,4、7不稳定,适合伤感的、悬疑的音乐。书面记录的基本音符可能会有一些反作用,虽然古代的曲谱也能表达4和7,但没有直接的音符来表示它们,使得创作曲子的人也很少用它。反过来,如果作曲家用得多了,这两个也就进入了基本符号,也就会促使创造更多的音乐。

思:不止如此,还有和弦的问题,比如1、3、5同时奏出的C大调。

奇:和弦,用简谱表示可费劲咯。那怎么办呢?我知道有五线谱,五线谱的记音能力更强,特别是对付和弦。它用一格一格的五条横线表示不同的音,几个音可以同时出现,真的很棒!

思:其实历史上为了记谱子,人们有过很多方案,五线谱很成功,但是其他的谱子也没有消失,比如吉他有六根弦,根据弦位设计的六线谱用起来更方便。

奇：啊，是的，比如交响乐团，很多乐器一起演奏，每个人使用的乐器不同，也未必就使用相同的谱子。而且相同的谱子上还得标明各种乐器什么时候演奏，太乱了，还是分开清楚。

思：交响乐团，就是超级和弦，用不同的乐器造成的和弦效果，真是太美了。不知道人的内心为何对这样的声音如此痴迷与享受。

奇：是的，这是音乐的神奇。现在看来，五线谱等记谱方式的发明很好地推动了音乐的发展，就像语言有助于推动社会进步一样。

思：是呀。有了好的记谱方法，人们对乐理的探讨也更深入，对作品的尝试也更丰富。也许是巧合，17世纪完善起来的五线谱，正是之后欧洲古典音乐崛起的前奏。

奇：数学、音乐都靠着书面记录获得了腾飞，语言也是，没有文字，词汇量很难突破一万。

# 信息时代的语言新视野

##  语言的数字化存储

思：当今数字化，电脑充当了我们新的媒介，一切的对象都跑到电脑里面去了。

奇：那么电脑成了新的"书面语"载体。

思：可以这么说。电脑在记录图像、声音、文字和其他材料的同时，也增进了我们对这些事物的认识，促进了这些事物的进一步腾飞。

奇：我知道电脑是以二进制的方式存储文件的，运算速度快，但怎么会增进我们对他们的认识呢？

思：你想过吗？图像是什么？声音又是什么？

奇：哦，图像和声音在我们的大脑里，虽然我们可以绘画唱歌，但是用电脑记录的时候就不同了，必须能转化为二进制，这怎么转呢？

思：我们看到的世界，是怎么被看到的，又是怎么形成如此多的色彩的？点线面体和颜色构成的图像，是我们看到的吗？世界本

身是可见的吗？听觉也一样。

奇：这个我知道。我们的眼睛都可以接收一定波长的光，而眼睛里有三种神经元，可以感知红色、绿色和蓝色，这三种颜色的波长不同，它们的混合构成了我们能看到的所有颜色。神经元把信号传导给大脑，大脑予以加工，大千世界就来了。我们狗就可怜了，眼睛的神经元没有那么多种，看到的世界也失了光彩。

思：别太羡慕人类。我们的眼睛看到的只是外来少数频段的光，不同物种的眼睛的感光神经元不同，看到的光波的波长范围也就不同。如果你眼睛里的神经元有十种，那么看到的颜色恐怕比我们人类多得多。真是佩服西方的科学家，他们对眼睛和光研究得这么好。他们还设计出接收不同频段的光波的设备，做到全频段也是可能的，人们就可以借助仪器看到我们看不到的世界了。

奇：红外成像仪就是其中一种吧。我们都看不到红外线，但是科研人员很聪明，把成像的结果进行了数学变换，变换到我们能看到的光的频率上。借助数学，人们可以看到任意波段的光。实在是了不起。我现在明白你的意思了，电脑的存储和计算能力，在这里可以发挥巨大的作用。

思：如果我们的色彩图像是面向人类的，就只用三个变量 $x$、$y$、$z$ 存储三原色中每种颜色的数值，这只是一个小点上的，然后用点到线到面的方法，呈现出整个画面。我们现在常说的 1 080P，就是用 1 920 个横向的点乘以 1 080 个纵向的点构成的画面。

奇：着实聪明，用小点来逼近整个画面。哎，如果更进一步，不是可以用小点来立体成像嘛。

思：立体成像不容易，显示屏恐怕是不行了，需要用全息投影技术。不过，现在的3D办法是给两只眼睛看两幅不同的画面。

奇：聪明，其实我们感知的立体，也就是两只眼睛看到的，只要把眼睛欺骗就行啦。

思：所以数字技术是不是很了不起？借助仪器和电子存储，人们还能不断地提升画面的精细程度，现在是 1 920×1 080 个像素，也许几年后就是 2 万×1 万了。

奇：这么精细，不是超越了人的视力了吗？简直就是显微镜呀，用来观测星星一定也很不错。

思：我们想的，西方人已经做了，他们设计了巨大的天文望远镜，不用传统的感光底片，换成了高精细度的数字感光设备。数字感光设备的优势不仅仅是在于精确，而且体现在便于计算机处理，构建出整个星空的三维图像。同时，感光的范围也不止是可见光了，任意波长的光都记录下来，这对天文学的发展是不是很有意义？

奇：哇，如果这么高精度，多摆几部感光设备，不是可以拍摄立体的全息图像？

思：其实，全息图像另有一种更先进的技术，我们这里先不说了。仪器还可以控制曝光时间，弥补我们人类眼睛 0.1 秒左右的图像残留。每秒拍摄 10 万张照片的高速相机就可以捕捉到炸弹爆炸的精彩瞬间。

奇：数字仪器确实很了不起，电气化时代的成就太多了。可是我们是不是离题太远了呢？

思：好，我们再来说说声音。到了仪器里，声音的频率、波长、振幅都可以被数字记录下来，不管是语音还是音乐都可以，它们都是声波。借助电脑，可以分析出元音和辅音的差别，甚至窥见声调。

奇：我知道了，分析多了，都可以学人说话了。

思：是的，每个人的元音、辅音、音节组合、语调甚至情感都能在声波参数上得到体现,做一些数学变换,可以把一个人的声音变成另外一个人的声音。现在的语音服务也是,可以有语音输入法,把语音转换为文字,也可以反过来把文字转化为语音。

奇:啊,知道了,这也是数字存储和数学运算的功劳。

思:科学家们甚至可以把感知声音的仪器,也就是麦克风,直接与人的听觉神经元相连,帮助那些耳膜受损的人重获听觉。

奇:再厉害点,就把表达语言的神经元连到电脑上,帮助不能讲话的人说话。

思:从数据到数据,变成数据与大脑相连。

奇:我在科幻片里面见过。我明白了,这些科学家的想象力确实厉害。

思:所以我们今天就放开了想吧,也许能想到一些他们没想过的东西呢!

奇:好!

##  语言的神经机制

思:不过,人的语言能力到底是什么,在大脑里怎么运作,现在还没有很好的研究成果,因为大脑里面有上千亿神经元。而核磁共振技术,只能形成毫米级精度的图像。一立方毫米已经足够容纳数量庞大的神经元了。所以,现在看不清大脑的细致结构,而且每个神经元的内部结构也不尽相同。神经元本身也有很多种,各有分工。现在只能大概地知道人脑的功能分区,很多细节是目前的技术无法探知的。

奇：说着说着，我越来越感受到生命体的不可思议了。生命从何而来？智慧又是从何而来？太神奇了！

思：你这个问题问得好，可是谁都没有明确的答案，唯有靠实验与猜想的互动来探索。

奇：好吧，可是大脑即使能够分不同的功能区域，但我们思考问题的时候，好像能统筹考虑呢！这说明神经元之间的联系很多。

思：是的，据说一个神经元平均连接了7 000个其他的神经元①。你一定想说，神经元互相连接就可以工作了。可是我很纳闷，我们记忆的东西，比如一个音符，一个字，一句话，到底是存储在一个神经元上，还是一群神经元上？到底存的是什么东西呢？我们不可能把东西塞进脑子，只可能是电信号和化学信号。我们的记忆，恐怕不是电的，而是化学物质。

奇：那么从视觉上推理一下。人们看到的图像是一亿视觉神经元传送的散点构图，在大脑里也就是一亿个点咯。一亿个点，恐怕不会都存储下来，要不人类的大脑肯定不够用的呀。

思：这个思路好，人脑总共就一千亿神经元，这么一算，一千幅图就耗尽了。所以，人脑里面肯定要对原始信号进行压缩。想想我们的记忆，好像对人脸也就记忆个大致的轮廓和肤色，而且不熟悉的人一会就忘掉了。所以，在我们看事物的时候，成像细节很丰富，但转瞬即忘，我们的大脑好像只保留了感兴趣的部分。说来也奇怪，不知道人脑是怎么存储轮廓的。以计算机的方式来看，存储一个轮廓也会耗掉不少小点的。

奇：为什么人的大脑就一定是以点的方式来处理呢？会不会有

---

① https://en.m.wikipedia.org/wiki/Brain.

这样一种神经元,它就是记录圆形信息,还有方形、三角形、曲线,这几个基本的图形已经有了特殊的神经元来记录。假设神经元也和电脑一样采用0和1的二进制,那么如果一个东西是圆的,只需要一个神经元就足以保存这个信息了。

思:如果只需要一个神经元,倒是很节约。不过,万一这个神经元细胞死了怎么办?

奇:完了,那就忘掉了。对!忘了没关系,如果是天天见到的东西,就会不停地把圆形信息记录到新的细胞上。最后很多细胞都记录了这个信息,所以不会丢失了。

思:好像比较牵强呢。我们大概还是能够记住10年甚至20年以前见过的东西。20年,大脑细胞都新陈代谢多少次了。

奇:还是有两种可能,要么是新细胞会读取老细胞的内容,新旧接班。如果不接班,也可能是你自己的每次回忆,又把这信息强化了,同时也让新的细胞记录了一下。

思:这么说有点道理,不过还是要靠实验验证才行,但不管怎样,我们刚才得到了一个比较重要的结论,就是记忆只会存储大脑关注的东西,很多细节被直接丢掉了。

奇:这个结论很有意思。

思:对了,我的女儿上街的时候,有很多新鲜事物,可是她最关注的是摇摇马,每次都比我们大人先看到。看来不仅是记忆存储的问题,还有和已记忆事物的匹配问题。视觉抽象的时候,会激活相应的神经元,也就唤起了记忆。唤起了记忆,也许就引起了思考与行动。摇摇马是她喜欢的东西。就像你特别爱骨头一样,见到就条件反射地要去啃呀。

奇:忍不住的呀!这神经元把我给控制了,不是我在思考,它自己就决定了我的选择。有时候我刚吃饱,真的不想啃,但忍不住呢。

思:视觉如此,听觉可能也是这样,听觉可能还更有意思。视觉有颜色和轮廓,听觉有方位、频率高低,可存储某种音到底怎么存呢?

奇:应该不会存具体的频率,会不会和音符一样,有那么几种神经元其实只对某些频率的信号敏感,然后几个神经元就足以存储一个声音了。

思:想象力不错,有可能。我们听到的声音,很可能和电脑中看到的波形图不同。和图像的道理一样,我们的耳朵感知神经可能只对某些频段更敏感,甚至可能对某些和声更敏感,而处理和记忆声音的神经元更加挑剔,以更加抽象的模式存储声音。

奇:和视觉有点相似,我们狗的耳朵很灵的,神经元比你们人类发达哦,哈哈。

思:就知道你臭美。而且经常听音乐的人也会发现,自己回忆中的音乐,在细节方面也没法和听到音乐时相比。

奇:记忆依靠模式化、简化的存储方式和丰富的神经连接。可是,我们最重要的思考模块和语言模块呢?语言和思考,貌似是一个很要紧的问题。

思:语言模块,也许是辅助模块,也许是核心模块。但是作为辅助模块的可能性高一些,因为没有语言的古老部落,其大脑可能跟今天也差不多。脑中有记忆和刺激反应,也会和语音、文字图像发生关联。此时,不需要张口,我们脑中就会响起语音,也会产生图像。如果想把基本的意思表达出来,就用嘴咯。

奇:再完整一点。比如,我在跟你说话,说"蝴蝶",你有什么

反应?

思:我听到这个词,然后激起了联想,与脑中的 hu die 匹配后,也激活了蝴蝶的轮廓与色彩。有趣的是,在脑海中居然有好几种不同的蝴蝶形象被激活了,甚至还有文字图像。然后,我想了一下,回答了你。

奇:可惜思考的过程不得而知。

思:没办法,很多科学家都想揭开思考的奥秘,也有哲学家进门各种想象,我们不妨也来想象一番。

奇:好吧。

思:你说,思考有没有固定的模式?

奇:可能有的,所谓思维定式,就像乘公交车刷卡、出门关灯,做数学题也有一些套路。你是这个意思吗?

思:哲学家关注因果关系,觉得因果关系是人类的一大法宝。还有领属关系、正反关系、对称关系、内外关系等等。这些关系和你说的也差不多,就是一些很抽象的关系。我一直在想,到底是什么原因,产生出这些基本的关系呢?按照我们前面的假想,是不是也存在存储这些抽象关系的神经元,我们的思路只要和这些神经元搭上,就势必要去找原因、找结果。只要一种思考的模式形成了,不管它是由几个神经元构成的,只要触发了它,就逼迫我们去思考前因后果。这和看到骨头情难自禁有点相近吧?

奇:看到骨头是什么反应呢?有个主管胃口的小神经组,它们逼着我去吃。这么说来,很有可能是这样。而且你说啦,人们说不定还会形成新的模式,可以丰富思考的方式,这样也多了一些变数,挺好。

思:因果关系可能是在原始生活中慢慢培养出来的,正反关系应该也是。一旦有了一组神经元来存储这样的模式,我们就会被逼着去思考。

奇:很多人不喜欢思考,是不是就是因为他们小时候没有得到这种模式的强化。

思:或者接受过,但不喜欢,毕竟思考是很浪费能量的。情绪的力量也不小,情绪也左右我们的思考。或者他们在刨根问底的时候总是受挫,备受打击,就不想再思考下去了。

奇:看来,教育小孩子得注意了,小孩子很喜欢问问题,大人如果总是回答不知道,或者打击他/她,他/她的这种思考动力就会变弱。需要在情感上鼓励他们问问题,我们即使不知道,也可以让他们去百度等地方查。如果我们思考的模式越多,可能得到的答案也会越多,认识世界的方式也越多。如果是这样思考的,或许过不了几年,人脑的奥秘就解开了。

思:可是从物质的角度考虑,这种物质到生命,再到智慧,背后的动力到底是什么呢?

奇:按我们聊的,这可能是个假问题,你只是在应用因果模式、动力模式思考问题而已。

思:好吧,可是我还是想知道啊。当然,物质是什么,物理学家也搞不清楚。原来讲物质是原子构成,原子后来也可以再分了,原子核也可以再分,基本的粒子越来越多,可是这些粒子为什么一定要组成大的整体呢?特别是生命体?

奇:从现在的角度看,电子跑啊跑,几个原子组装在一起,也不能怎样啊!

思:是呀,要把一种物质作为能量消耗掉,放出的热量、机械能、

电能,满足生命体的需要,这是生命体最难理解的地方。

奇:你总想找一个原动力,这动力哪里好找?当年牛顿为了寻找引力的来源,几乎疯掉了。

思:如果再追下去,就要问世界从哪儿来,宇宙是不是有大爆炸,为什么要大爆炸,宇宙到底是什么了……那我们回头看看人类的思维模式对语言的影响吧。按刚才的说法,人们第一次在南极看到企鹅的时候,会有什么反应呢?第一,它是动物,像鸟,可能会说话,可是怎么命名呢?在没有生物学家的帮助下,我们可能会说它是鸟,也可能是鹅,所以这两种命名都行。对鸵鸟的命名也存在这样的问题,人们会不自觉地把新事物和脑海中的事物做比较,看看更符合哪个。从神经元角度考虑,就是图像的神经激活了相关图像模式的神经元,进而联系到鸟或鹅的声音和文字。这就是我们大脑运作模式与语言的关系。

奇:听起来很粗糙。

思:粗糙不一定是坏事,可以帮助我们节约存储的空间,只保留抽象的模式,使得我们能抽象地模式匹配式地思考问题。同时还可以节约词汇量,如果两个事物有一点点差别就给它们分别命名的话,这词语就要爆炸了。我们可以忽略小的不一致,起出一些类别的名称,也许这也是人类的分类能力的根本来源。神经元的抽象激活模式,使得我们会有不少词语都是类指的。

奇:嗯?类指的,像"鸵鸟""苹果",其实都是对一类事物的命名。人们不会给每一个苹果命名的。

思:是的,不要说每一个苹果,咱们退一步看,天上的星星,还有地球上已经发现的物种,数量都很巨大。可以说,绝大部分都没有名字,今后也不可能为它们一一命名。唯一的方式是用数字给它们编号,只命名那些我们关注的,特别是和生活相关的那些星星和物种。你说是不是?

奇:起那么多名字也记不住。就算一秒钟想一个名字,也要很多年。一亿人一起想也不行,会有重名的。对的,从音节上考虑,400个音节的话,至少也得好几次方才够用。

思:这样的话,大脑的存储和扩散激活能力,已经能解释很多现象了。但我不明白,如果一直那么扩散激活下去,岂不是整个脑子都被激活了?

奇:也许扩散需要能量,只能扩散几层。扩散的方向可能也不同,不同神经元之间的连接强度和激活能力也不同,扩散激活很可能是有限的。

思:是的,说得好,也许这是人类的缺陷呢。还有,我们一次能考虑多少事情呢?

奇:好像是一件事吧,一心二用也比较难。

思:是这样,必须训练才可能一心二用。不过,我的意思是,我们一次能同时考虑多少件事情。这么说吧,你能一下子就记住手机号码吗?我最怕这个,11位号码,我总记不下来,四五个还比较轻松。你呢?

奇:这个……为什么超过十个就困难了呢?

思:西方学者做了实验,发现是7加减2个单位[1]。很奇怪的现象,也许我们思考的神经组,只能同时保证最多9条神经通路与其他模块相联系,这是很有趣的,有点像闸门。虽然神经元普遍相

---

[1] Miller, G. A. The magical number seven, plus or minus two: Some limits on our capacity for processing information. Psychological Review. 63(2), 1956: 81-97.

连,但是最多只能激活9条。

奇:不知道我们狗有几条? 需要回去做个测试。

思:是的,看看电话号码能记住几个。

奇:不过,这个跟语言有关系吗?

思:我觉得,自然口语是7—10个音节为一句,部分是因为呼吸导致,这个7加减2个单位也很可能是原因。抛去口语,看看书面语的句子,如果句子很长,字数很多,我们也会发现其实是由词先构成短语,然后层层组合,最终句子的主干一般不会超过7个词。

奇:有点道理。

思:你看,太长的句子,我们一般也需要多读两遍,要把词捆绑起来成为一个组块,然后逐层组合理解,而不是直接把所有词放在一起理解。

奇:应该是的。

思:所以不管是口语还是书面语中,句子的结构还是服从基本的神经模式。如果我随意把一个20个词的句子全部打散,放在屏幕上呈现给你,你还能很快地理解吗?

奇:肯定晕掉了。

思:所以,序列是重要的。

奇:对了,句子中词语的序列为什么一定是线条状的呢,而不是九宫格? 九宫格其实在视觉上也应该能行,正好也满足最大9个单位嘛!

思:罗奇,你真行! 我想大概是因为语言最初的、最基本的形态是口语形式,只能线条式地说出和理解。而九宫格,估计只能在书面语上使用。没错,书面语已经在用了,想想汉字的内部结构和复杂的数学公式,都把平面用足了。只是因为要保留和口语的一致性,书面语的句子也还是线条式的。

奇:哈哈,我知道了,虽然不同的文字系统,有从左到右书写的,从右到左的、从上到下的都有,但还是线条的,而且将来也很难变了。不过,如果将来电脑和人脑直通以后,人们之间也可以直通。到时候,不仅是语言交流不必借助语音,连记忆、感觉、想法都可以直接共享了。那个时候还需要学习口语吗?

思:我仿佛看到了,大家都带着个芯片脑袋,是不是人们就不用学习语言了呢?恐怕还是不行,口语是自然状态下很高效的交流方式。而芯片传递的是信号,没有语言的人,也许感觉、记忆可以传播,但是前提是什么呢?你得和他拥有相同构成的神经模式。比如,宗教信仰不同的人,一个信仰上帝,一个信佛,他们互通之后就能直接理解信仰了吗?我觉得很难,这种感觉经验的积累会在神经网络上形成一些小的团组,连接强度也不同。除非这芯片能够改造神经网络。当然,我不否认,即使芯片没这个能力,也能够传递很多信息。另外,语言的语音、文字在大脑中的沉淀,其实也强化了一些概念、对象,每个人都各有差异,语言可能使得人们的思维能力大幅提升。如果没有语言,思维效度、深度可能都会受影响。你觉得呢?

奇:没有语言,也就没了词汇,对现实世界的抽象程度也可能会受影响。

思:还有句子呢,句子能够把词语组织起来。虽然我不知道没有语言的人是怎么思考的,但我有时候想事情,也可以不用语言,但是思考问题的时候,就不知不觉地使用语言起来。也许它已经成为我思考的工具。为什么它能成为工具呢?可能是因为词汇问题,也可能是因为语法的问题,语法能够串起词语,让思考变得更加稳定。

奇:有这种可能。你看逻辑不就是一个很简单的命题形式,有利于思考。我们前面也谈过这个问题。

思:是的,所以在将来,不管科技多发达,口语还是很难被取代,它可能被改造,比如可以用芯片帮助快速学习口语和文字。有些词我们不必记忆,只要激活了某个意象,芯片就帮我们调出来说话了,帮助我们避免提笔忘字、说话忘词。

##  世界语与语言的未来

奇:不错啊。说到这里,是不是可以展望下个百年甚至千年以后的人类语言呢?

思:这是件麻烦事,我们不知道哪种语言还能活千年以上。很多语言都因为外族入侵,而被灭亡或是被严重改造了。就拿我们普通话来说,和两百年前的民间口语已经有相当的差距了。我们希望汉语可以长存,可是汉语同音字的痼疾不改,学习成本这么高,很难在国际上普及。看看日本、韩国、越南想彻底摆脱汉字,都失败了,为什么?就因为历史的沿袭,大量的同音字必须依靠文字的字形才能区分,完全地改为英语那样的表音文字是不可能的。在键盘上打 yi,会出现很多候选字。英语,虽然当年战胜了在语法上更严整的法语、拉丁语,而成为最通用的语言,但英语本身在国际化的背景下也发生了巨大变化。它的各种形态变化都在简化,连语序也变得和汉语差不多了,形成主谓宾的格局。用的人越多,语法就越倾向于简单,这也许是教育普及和经贸往来导致的。汉语的语法也不复杂,没有什么形态变化,如果汉语能解决同音字的问题,从口语层面上看,其实是很容易学习和推广的。未来,英语、拉丁语、汉语、西班牙语依然是竞争中的主力。

奇:不是还有世界语吗?

思:世界语设计得虽然好,但普及起来还是有问题,因为它缺乏母语使用者,没有口语的支撑,发展乏力。而语言的通用度、生命力,除了政治原因,还有语言自身的原因,我们刚才说的是语法。其实词汇也很重要,由于拉丁文在医学上的大量术语难以逾越,拉丁文仍然是医学界的主流语言。所以,一种语言,如果拥有命名的权力,那么它的生命力会更强。命名权力,看起来政治因素很强,可是科技实力以及语言的承载力也很重要。科学研究发明和发现的新事物的命名权很重要,这些名词虽然不一定都进得了日常词汇,但是在文明高度发展的时代,科技术语也影响了科技界的通用语言。而从命名的可能性来说,语言承载力的高低也会凸显出来。汉语在弥补了元素周期表的汉字等科学用字后,词语组合的能力也大为提高。争夺这种命名权是很重要的一件事,否则我们总是音译外来词,时间一久,干脆就换用外来的词语了。在这件事上,日本、韩国采取了开放的态度,但是过不了多少年,他们可能就面临新的抉择了,是换用语言还是继续这么音译下去。当一种语言的基本词汇被另一种语言不断蚕食的时候,要么产生语言的换用,要么产生一种新的四不像语言。

奇:蚕食?

思:你看,在英语大行其道的时候,很多发展中国家的商人就使用了一种洋泾浜英语。他们采用了本国的语法来支配英文单词,比如汉式英语表达,打个招呼说"你吃了吗?",套上英语就是"You eat?"

奇:够怪的。

思:这样的语言也有机会发展成很厉害的语言,因为语言的形态变化容易被忽略,语法也会简化,最后形成语音、词汇、语法都比较简单的格局。简单的东西容易推广,市场不小。关键看它的词汇,要发展出足够数量的基本词汇用于组合出更多的名称。所以千年以后的语言,我想,应该是这样的,它的语音、词汇、语法都比较简单,词汇量很大,但是日常的词汇量不会很大,一两个音节构成的词仍然是主体。

奇:这么说,汉语和英语都再变一点就差不多了。

思:变一点,也是很难的事情。习惯,有时候很难突破,若不是英语的国际化扩展,英语语法也就不会简化。在世界一体化的进程中,简单的语言,有命名权力的语言,有文学色彩的语言,会取得优势。

奇:文学色彩?

思:没有文学色彩可不行,不管什么时候,想要获得优势地位,必须在文学上有大量的优秀作品,关于人心、关乎生活,才平易近人。

奇:是的,一部《红楼梦》让多少人舍不得汉语汉字。

##  语言的经济性与霍夫曼编码

思:好啦,我们仿佛只剩一件事情了。就是前面你说的,数学性、科学性的问题。为什么一门学问只有数学化之后才称为科学?

奇：又绕回来啦。

思：没错！我经常被问到这个问题，语言学到底是科学还是学科？如果它还只是一门研究语言的学科，那么有没有变成科学的可能性。语言学确实和数学分开得太久了，虽然算术一直伴随着它。两千年来，我们不停地数，有多少种语言，每种语言里面有几个元音，有几个辅音，有多少词汇，哪些是常用词汇，有多少条形态变化规则，多少条句法规则，等等。而这些数字背后的含义和规律，没能用数学统辖起来。语言中有很多不好理解的现象，比如为什么实词要虚化，为什么多音节词越来越多，为什么小孩子三岁就能学会一种语言，而过了语言习得关键期的人花很多时间也是事倍功半？为什么西方语言要有那么复杂的形态变化？为什么有声调？为什么这么多汉字？为什么翻译不同语言的文学作品如此之难？等等。我们虽然已经讨论了其中的大部分，而且找到了一些可能的原因，但是我们始终没能用数学模型的方式把它们表达出来。如你所言，数学是数的世界，基本上不涉及外物，它很单纯，也很公正，虽然哥德尔证明过它的缺陷，可数学依然是我们最为可靠的科研工具。

奇：是的，我最佩服数学好的人。

思：我们在讨论的时候，大都用的是推演法，数学的成分呢？

奇：好像也是有的，比如元音、辅音、音节的组合，用的是比较简单的乘法，或者叫组合问题也未尝不可。

思：我们用的形式也就是这样。基本单位的数量为 A，则 N 个单位组合的可能性为 A 的 N 次方。如果基本单位有两种 A 和 B，则 m 个 A 和 n 个 B 组合的可能性就有 $A^m B^n$ 个。还有什么吗？

奇：好像没了。这和算术也没多大区别呀？

思:好的,我来卖个关子,平时我们总说,语言受经济性制约,想让长的词变短点,比如缩略语,美利坚合众国不管在汉语还是英语中都有简便说法,即美国和 USA。

奇:是的,省力呀。

思:可是单纯省力的话,就会导致大量的同音现象,比如"南大"到底是"南京大学"还是"南开大学""南通大学""南昌大学"?省到底,就都变成一个词得了,再省就没有口语了。

奇:看来有时候也不能随便省。那么省略的条件是什么呢?

思:有时候上下文语境已经够了,就可以省略啦,比如上文或下文中已经说了南京的著名高校之类的话,但是语境有时候也不行,信息不足,如果同时给南京大学和南开大学颁奖,是万万不能省略的。

奇:那咋办?

思:在计算机科学上,有个比较有趣的东西,叫"霍夫曼(Huffman)编码"①。就是说一个符号所占用的符号位数不能只看自己,而要看整个符号系统的分布情况。这是由当年解决通讯原理的数据压缩问题而来的,由于每个符号使用的频度不同,最经常使用的符号应该被赋予最短的编码,而不怎么使用的符号可以长一些。所谓长度,就是在计算机里存储的二进制的数量。结合语言学的例子来说,一部当代汉语小说里面,用得最多的是哪个词?

奇:最多?想一想哦,"你、我、他"肯定很多。

---

① Huffman, D. A. A Method for the Construction of Minimum-Redundancy Codes[J]. Proceedings of the IRE. 1952,40 (9): 1098-1101.

思:我可以负责地说,不管是哪一部,都是"的"最多。

奇:怎么把"的"给忘记了!

思:按照 Huffman 的想法,应该把这个"的"给简化了,简化成 1 才好。

奇:什么意思?

思:你看,一部小说里面通常会用到几千个汉字,假设总共有 5 万字篇幅,有 2 000 个不同汉字吧。我们给这 2 000 个汉字编号,就得从 1 编到 2 000。如果换算成电脑中的二进制,就得是 1 到 100 000 000 000(11 个零,2 的 11 次方是 2 048)。现在电脑里面保存这些汉字,为了保持位数一致,用的都是 11 位数,再乘以 5 万,显然很浪费。

奇:是浪费呀。计算机都这么干的呀?!

思:为了不浪费,Huffman 设计了一套算法,核心思想就是把"的、你、我、他"这样的常用字用短的编码,而那些不常用的字用长编码。这样会使得整体达到最优,也就是整部小说的存储空间可以缩到最小。

奇:哦,那用在口语中,最常用的词音节就会少,不常用的词音节会多。甚至是这样,最常用的词在音节结构上也很简单,可能只是个元音或者只带一个辅音。

思:太好啦!你再试试,用在书面语中呢?

奇:书面语中?英语是记录口语的,不常用的词应该还是很长,没什么变化。再看看汉语,常用的文字的字形简单,不常用文字的字形复杂。好像和现实很贴近哎。

思:对了,我们国家在 50 年代简化了两千多个常用汉字,也无意中遵循了这个原理。但是,如果没有简化呢?好像就跟我们说

的不同,有些常用汉字还是比较复杂的,保留了古代的图画形态。也许这就是文化的惯性吧。

奇:如果只是惯性也未必,它的经济性可能体现在其他地方呢?

思:是的,突然想到一个字"笔",旧字形是"筆"。简化以后是简单了,可是不再是形声字了,念半边就变成 mao 了。所以原来的字形能传承两千年还是有道理的。

奇:看来只用一个数学模型还不够,得加点新的参数。

思:哈!好主意!原来我们只考虑口语的音素的多少、笔画的多少,却忘掉了它是否便于记忆,也就是语音或字形的组合效果是不是便于理解记忆。增加一个参数的话,我们可就苦了,得一个字一个字标一下是不是好记忆,才能计算模型的吻合度。

奇:不管怎么说,有了一个比较好的数学模型,来描写语言的经济性和整体构造原则了。原来的经济性的说法确实太模糊了。经济性不止是做减法,有时还得做加法。

思:不错!这个模型还是比较简单。将来我们能找到描写人脑语言处理过程的数学模型就更棒了。

奇:继续努力!

思:终于可以松口气了,我们讨论了一大圈,确实得到了几点有意思的结论。或者说,我们找到了一些解释繁难语言现象的可能的原因。虽然我们的结论还有待证实,但我们的这种讨论方式,你觉得怎么样?

奇:比较清楚,这个过程可以让我们更好地把握来龙去脉,比单纯阅读枯燥的论文好多了,动不动一大堆国外理论和术语、一大堆参考文献,头都晕掉。

## 人类的知识载体

经过一天的讨论,小狗罗奇对语言问题越发敏感起来。第二天,他意犹未尽地跑来,摇摇尾巴,"我有个事情不明白,我们聊了很多,却忘记了开头的问题,为什么小孩子两三岁就会说话了。我晚上想啊想,觉得也很自然,既然她有了发声的能力,也有了对周围环境的初步认识,语言慢慢也就可以学会了。这个也大概说得通,不过我突然想到,为什么人的寿命这么长,而狗的寿命这么短?为什么人到成年要十多年,而狗却短得多?寿命的长短会不会是语言发展的一大障碍呢?"

思:你说的很有意思。生物的寿命是个未解之谜,这个谜题恐怕得依靠生物学家从基因、细胞的角度去研究了。话说回来,虽然人好像很长寿,可是比起乌龟,比起大树,生命短得多呀。即使和人差不多聪明、寿命也差不多的大象和鲸,也没有能够发展出成熟的语言。

奇:我们没有实验设备,当然没法研究微观的生命细节,可是你觉不觉得,不仅是生命的奥秘,语言之谜说不定就隐藏在基因之中。我还听说,记忆都可能通过基因遗传给子孙呢!还有,大象和鲸鱼都有语言。鲸的叫声很多是超声波,我们听不到,可能也是一种不错的语言呐。

思:两个问题扭打在一起讨论不好。那就聊聊基因吧,看起来你对基因更感兴趣一些。

奇:是的,好哇。基因可是个热门的学问。我知道达尔文的进化论就假定了基因的存在,而沃森和克里克用双螺旋模型解决了

基因的数学模型表示。我一直都不理解,为什么会有基因。

思:人们说DNA的双螺旋,利于DNA的分解和复制,经由不同类型RNA的转写,按照RNA的序列生产不同种类的氨基酸,而氨基酸的不同序列又产生了不同种类的蛋白质。蛋白质再构成细胞等重要的身体成分。DNA的基本构成是AGCT四种碱基,每三个碱基对决定一个氨基酸。就现在的认识来说,根据基因不停地复制人体细胞,再把基因通过生育一代代地传下去。生物就像是被设计出来的一样。基因段的对比工作,和计算机上存储的数据匹配基本上是一样的。设想一下,如果没有DNA作为核心,那么生物如何不断地复制自我,又如何传宗接代呢?

奇:你说的跟我知道的一样啊。而且,不能用反证法来证明一个东西有用吧?

思:是的,人类研究得越多,越能发现自己的无知。基因的存在作用很大,可它从何而来,为何生生不息,难以参透。我们面对自己的无知,能做什么呢?

奇:继续研究,别灰心嘛!

思:宇宙、物质、能量、时间、生命、智慧,都是太终极的问题,急也没有用,灰心更没用。先敬畏这不可思议的存在,然后继续我们关于语言的讨论。

奇:可这些终极问题,也许是语言问题的根本之解啊。

思:这倒也未必,我们之前的讨论不也取得了不少新的认识吗?

奇:总觉得不甘心,又没有办法。呜呜!

思:是啊,我也急,急没用。科学技术的进步总有个过程,谁让我们人类不够聪明呢?

奇:你就别打击我了,我已经很羡慕你们人类了!

思:人类的知识只能慢慢累积,这又回到语言了。你看语言对于知识的积累作用多大呀!

奇:对呀!语言不止是交流的工具,也是知识传承的载体。口耳相传的口语很有用,白纸黑字的书面语更是作用巨大,突破了时空的限制。科学技术也要靠语言文字来承载!你们人类完全是靠着语言文字来创造和传递文明!

思:说得太对了!离开语言文字,我也真是不知道怎么传承各种知识。当然,现在进入了信息时代,数据库、视频、虚拟现实可能也是不错的载体,但它们并不能和语言文字相提并论。设想人类文明中断一百年,后起的其他文明是没办法读取这些数据库的。现代信息技术的基础还是人们对于各种数据的约定使用,比如我们前面聊的语音、图片的存储方式。

奇:这么说来,破解一种语言或文字,才能了解一种文明!

思:是啊,所以苏美尔、古埃及、玛雅文的破解,都推动了古代历史文明的研究进展。当然还有很多没有破解的古老文字。越是灿烂的文明,越吸引着人们去破解它的文字。这些文字材料记载了文明的方方面面。

奇:哈!我知道了,你们人类肯定也想破解鲸、大象和我们狗的语言!

思:当然了,如果这些语言确实存在的话,已经有很多专家在研究了。想想看,不管是什么种族,想创制语言,都要经历我们聊过的那些过程,有词汇,有语法。如果扔掉这两点,还是语言吗?

奇:实在想不出。人类真聪明,只要想办法搞清楚词汇和语法,一种语言就被破解了呀!

思:专家们趴在动物活动的场所,记录它们的各种行为,没发现

像人类如此丰富的语言,充其量也就几十种表达情感、危险等信息的方式。

奇:达到几万词也真的难呀!得有这么多的表示载体才好。

思:可是,人类也很悲惨。虽说世界上有5 000—7 000种语言,但很多都处于濒危状态,快灭绝了。一种语言的灭绝,带走的不止是一种语言,而是一种文明文化,一个完整的知识体系。

奇:真是太可惜了!不能想想办法吗?

思:这些濒危语言,大多没有文字,还是口语形态。只记录语音、词汇和语法其实没有多大价值。它所承载的知识和文化都是以句子、篇章的形式存在,这些东西损失掉了,没法挽回。唯一可行的方式,就是为其创制表音文字,然后尽可能地记录各种口头文学和材料。录音、录像当然也是很好的方式,不过文字记录才更为基础,便于后续的翻译、研究。

奇:这要花很大的工夫!

思:是的,功利一些看,也只能先抢救记录那些文化比较重要的语言了。

奇:说的我们好像担子很重,责任很大!我比较讨厌的是学英语,按这个思路,我们为什么要学英语呢?而且,我觉得学英语最难的是语法。当然了,单词也很难背。为什么学第二门语言这么难呀?

## 语言大战

思:你哪里是第二门语言,分明是第三种,别忘了你的看家狗语。

奇:我很生气,后果很严重,太不尊重我们了。对,你们人类还不懂我们的狗语呢?

思:那你能讲讲狗语吗?

奇:你猜猜看。

思:这还真难倒我了。我们真的不知道狗语的词汇和语法呢!据我所听,只感到狗的叫声有大小、长短之别,不像一种语言呢!从我们上次讨论的人类语言的角度来看,词汇量没过1 000个,能算一门语言吗?

奇:1 000!狗再聪明,也造不出那么多词啊!你真的惊到我了。

思:好吧,那你们的词汇充其量也就百十个,怎么算语言呢,我们还是说英语吧。

奇:就知道你瞧不起我们。不过,词汇量低,确实很麻烦。说你们不懂狗语,但听到我们大声叫就知道有危险;听到我们嗲声叫,就知道我们想要玩。谈不上有多少秘密。我说了人话,才晓得人类语言的高级。

思:是嘛!那你说说高级在哪里?

奇:首先,发音多变,词汇量大,语法复杂,还有书面语。这我们比不了。还有,就是语言的种类实在是太多了。汉语普通话不说,方言还有一大堆,还有英语、法语、德语、日语等等。反正我是没法掌握那么多种复杂的语言的。

思:你要当万语通还是翻译狗?语言这么多,是一辈子也学不完的。

奇:谁说要学完了?我就是感慨一下。

思:好吧,不过,你说的倒也有趣,如果一个人会说世界上所有的语言,并且都能达到母语水平,那真的挺有用。他可以做个超级翻译家,政治的、经济的、文化的翻译工作那是小菜一碟。我想请他做一件事情,让他凭着丰富的语感,给世界上的语言分分类,语音的、词汇的、语法的都来分分看。说不定能找出一些地理相距很远却又相似的语言呢?

奇:你可真能想!我只想请教他怎么能学好英语。

思:嗯,这个人不存在也无所谓,前面我们提到的 WALS 已经在做这样的事情了。还是用数据库和数理统计的方法更靠谱。但你为什么这么想学好英语?

奇:这……不是显而易见的吗?

思:你是说英语的功用吗?的确,英语的母语人口不算最多,但是通用度的确最高。不算文学艺术,英语在现代科技文献的语言地位几乎是难以动摇的。

思:在这场语言的世界大战中,主要参战国的语言无非是英语、汉语、法语、德语、日语、西班牙语、葡萄牙语、俄语等几种有众多语言使用者或以国家实力作为后盾的语言。

奇:我觉得不对。印度人口众多,印度的语言怎么也得有地位吧?

思:语言大战,还真不是人数的多寡起决定性作用的。而且呢,语言大战,并非是消灭弱势的语言,往往是形成双语乃至多语并存的情况。就好像英语,就靠大不列颠这样一个弹丸之地,居然成了今天最占优势的语言。一个语言团体,其政治、经济、军事、科技水平越高,其语言优势越大。这也是我们想学也需要学英语的原因。否则,我们中国这么大地界,这么多人,说汉语写汉字就行啦,为什么学英语?

奇：按你这么说，汉语是处于劣势的语言了？

思：这只是在国际上相对于英语来说如此。想当年中华文明强盛的时候，整个东南亚文明圈都受到汉语汉字的巨大影响。你看，至今越南、韩国、日本都还有汉字的遗存，日文还保留了大量的汉字。我们的国家正在崛起，政治影响、科技水平上升了，语言的地位肯定上升！看看这些年咱们中国制造，吸引了多少老外来学汉语！

奇：按你这么说，那就不用学英语了！

思：我只是说上升，问题要分两面看。举个例子来说，用汉语汉字来玩数学公式、写程序，是相当费劲的一件事。很多人士都做了努力，他们不服气拉丁文、希腊文在数学公式中的作用，也不服气用英语写计算机程序，都要改汉字，你觉得靠谱吗？

奇：民族自豪感是必须的，我还想用狗的语言写公式呢，写不出来呀！

思：对呀！你想啊，这阿拉伯数字都是从印度来的，英美人士何尝不想用自己的系统取而代之呢？语言就是个不断交融的混合体，血脉纯正是人们的一厢情愿，而语言的融合发展可以形成各种文化中最优秀成果的结晶。我们可以把语言想象成一个庞杂的符号系统，哪种文化有了新的、有用的事物，就把它吸收进来。英语的吸收能力很强，除了对古英语的继承，吸收的法语等其他语言的词语也不少。而哪种语言占了科技语言的术语命名优势，其他语言真的望尘莫及了。因为最新的科技成果如果都是以一种语言命名，其他的语言怎么办，大都只能照搬照抄了。

奇：这个真要命。要是想重新命名一遍，也要累死了，那么多的术语呀！

思：所以,咱们汉语汉字现在很注重这个问题。比如元素周期表全都造了汉字,就避免了完全使用英语的情况。除了按自己的语言习惯重造术语之外,更重要的就是要走在世界的前沿,用汉语命名新的术语。改变旧术语很难,但创造新的还有机会。

奇：好哦,明天咱也造新词儿去!

思：这可不是说说这么容易的,得确有新的发现才行。没有强大的科研平台做后盾,是做不到的哦!

奇：那就交给科学家们吧。我还是想弄清楚,我现在要不要学英语!刚才跑偏了吧?

思：跑偏了?那我问你,想掌握世界上现有的最可靠、最新的知识和信息,你得用哪种语言?

奇：哦……我知道了,不学不行呀!谁让我这么爱科学,爱求知呢!

 ## 英语的特殊学习方法

思：好了。知道为什么要学了,现在聊聊怎么学如何?

奇：这个好,我确实想知道怎么学才又快又好。

思：那你先说说,你都是怎么学的呢?

奇：好吧,迁就你。我学得很简单,就是买了本词汇红宝书死命地背。我百度过的,这个单词啊,得记得滚瓜烂熟才行,然后例句也要往死里背,水平就高了,可以考个雅思托福了!

思：死记硬背的效果如何?

奇：要是好,我还跟你啰嗦什么!死记硬背伤脑筋啊,今天背,明天忘。我可连艾宾浩斯的记忆曲线都用上了,还是记不住多少单词。

思:你都是怎么背的呢,能不能举个例子?比如,book 这个单词。

奇:这个单词比较容易,我当时就 b-o-o-k,book 这么背的。这个单词短,好记。

思:短就好记?bump 这个单词很短,而且你肯定背过,知道什么意思吗?

奇:这……你不能这样。不记得了,那你说怎么办?

思:很简单呀!只要你把读音和事物对应起来,音和义发生关系。

奇:啥!听不懂,我单词都这么背的呀。

思:你看,book 这个单词,你知道它的意思,是因为你记忆的时候把 book 和脑海中的书联系起来了。而且这个单词经常出现在各种英文材料里,反复加强。而 bump 见得少,联系慢慢减弱,背了也记不住。再说了,你想想,英国的小孩子学英语,需要这么背单词吗?

奇:学父母说话,谁背单词啊?

思:就是呀。而且,你记忆单词的方式不是整体拼读,而是逐个字母记忆。即使学汉语的时候,你也不至于 s-h-u,shu(书)来记忆吧?

奇:还真是,对呀,我学汉语都是跟你家人学的,没有一个字母一个字母地背过的。

思:对吧。你看,学汉语是整体拼读,英语也该这样呀。你是不是受了字面的影响,汉字都是方块的,而英文是一个个字母构成的。

奇:哎——好像是这么回事的。不知不觉就一个字母一个字母去记忆了。很少去背整体的发音。

思:这就是症结所在了。你看,如果你整体记忆了单词的读音,再反推字母拼写,是不是容易些?

奇:对,我记住了 book 的整体发音,再拼出来,大不了拼错一点点,但记忆起来轻松多了。

思:肯定的。这个单词很短,如果是 intersection(路口)这样稍微长点的单词,还不晕过去? 所以,整体拼读记忆的优势就很明显了。

奇:汪汪汪! 太对了!

思:其实这就是表音文字的特点,字母是表音的,但并不是让人一个个地去记住字母。字母只是语音的提示。记忆词语的本质方法,各种语言都一样,把语音整体记忆就可以啦。

奇:这个主意真棒! 不过,背单词只是第一个困难。我最怕的还是语法。什么单复数、时态呀,汉语都没有,我们狗更没有,学得费劲,呜呜!

思:其实我学得也挺费劲。别哭。我们前面聊过,印欧系的语言喜欢折腾形态变化,而汉语没有。单复数、人称,要求主谓一致,其实都是动词作为句子核心的结果。一个动词支配若干个名词性成分,这些名词性成分要在形态上与动词遥相呼应,以体现它们是一个整体。时态的问题,比较复杂。我们最好分开来说。语言中的时间范畴,是人们对时间的语言内化之后的表达方式,一般分为时(tense)和体(aspect)。时,一般分为现在、过去和将来。体,则多样一些,一般有完成、持续,也有起始、即将等特殊的类别。关键就看一种语言的使用者到底区分了哪些时和体。

奇:你这么说,好像汉语里面没有时和体似的。

思:汉语只是没有用-ed、-ing、will 这样的形式来标记时态而已。汉语里面使用了词汇的方式,比如,曾、将、着、了、过,等等。但时态还不是特别重要的语法问题。一个基本的语法问题是汉语经常省略主语,比如,"小狗摇摇尾巴,得了根骨头,开心地跑到窝里去啃了"。

奇:是的,都是我干的。

思:你看,"得、开心、跑、啃"的主语都省略了,连"啃"的宾语也省了。

奇:你不说,我还真没注意。这句话要是翻译为英语,恐怕得分成好几句呀。

思:谁说不是呢。而且英语里面主语、宾语,都得齐整,不能这么个省略法。这汉语为什么能这么省略呢,说不通呀。

奇:是的,怪不得我一说英语就怪怪的,原来是受了汉语影响,总是缺主语、宾语。

思:按照我们前面的说法,主宾语齐全对于以动词为核心的语言来说,挺重要。可汉语为什么可以省略得如此过分呢?有人说,印欧语是形态制胜,依靠形态标记来组织句子,所谓"形合语法";汉语则以"意"造句,所谓"意合文法"①。但"意合"比较虚,也许,我们得换个思路了。

奇:换思路,还有什么思路可换?我觉得"意合文法"的说法挺

---

① 徐通锵.语言论——语义型语言的结构原理和研究方法[M].长春:东北师范大学出版社,1997.

好呀,只要意思对,句子我爱怎么说就怎么说呗。

思:这让我怎么说呢? 你看,"你咬我"和"我咬你"的意思一样吗?

奇:当然不一样!!

思:可你看,这两句话都说三个词儿,只是排列顺序不同,能说仅仅靠"意合"就可以达到同样的意思吗?

奇:这……你的意思是,多少还得靠顺序、结构等?

思:所以说,要换个思路。

奇:什么思路? 快点说!

# 语言与信息论

# 语言与信息论

## 信息通道模型

思:我啊,顶顶佩服一个人,20世纪,信息论的奠基者香农(Shannon)。他不是个语言学家,是研究信息传递理论的。

图3-1 克劳德·艾尔伍德·香农(Claude Elwood Shannon)[①]

---

① https://www.theguardian.com/technology/2011/apr/10/james-gleick-information-interview.

他在 1948 年发表的 20 世纪经典论文《通信的数学理论》中给出了一个简明的信息传递流程图。信息源经过编码器形成信息，然后通过一个有噪声的通道来传递，到达接受者那里，再经过解码，还原信息，见图 3-2[①]。

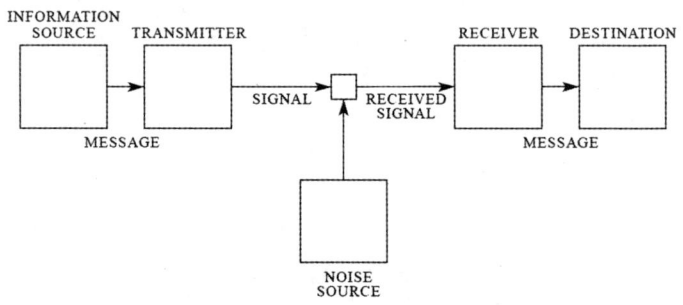

**图 3-2　香农的信息通道模型**

这个英文的图，咱们就不翻译了，待会直接看汉语的。香农的理论对现代的通信等产业产生了巨大的影响，有数不清的论著都在他的这篇论文的指引下展开工作。我们不能浪费时间去讲细节，直接将这个应用在语言分析上，你看看是否合适？

奇：我就按照你介绍的，给语言来画一个图。人们把脑子中的信息或者意义编码为语言，包括语音和文字形式，然后通过信道，传播给另一些人。接收信号的人，则经过解码，把语音文字形式的信号，转换为信息或者意义。你看怎么样？

---

① Shannon, C. E. A Mathematical Theory of Communication[J]. Bell System Technical Journal, 1948, 27, pp. 379-423 & 623-656, July & October.

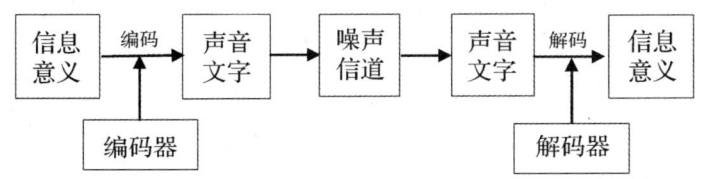

图3-3 语言的信息通道

思:说得好,画得也棒!不过好像缺了点什么。你看看,如果我们再加上说话人和听话人是不是好些?

奇:嗯,有道理,信道的左右正好是说话人和听话人的位置。

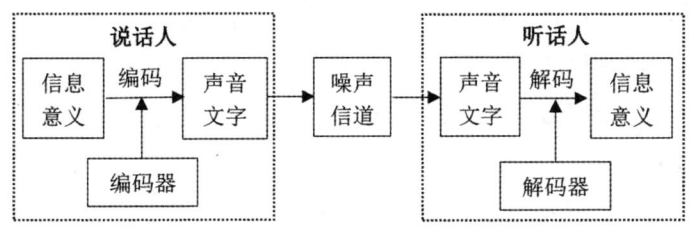

图3-4 语言的信息通道改进图

思:你画得真棒!那我们就在这张图上继续讨论吧。

奇:有了说话人和听话人确实清晰一些了。意义在说话人的脑子里编码为一句句的话,然后传递给听话人解码为意义。这样来看的话,所谓"语法",岂不就是编码器和解码器了?由编码器生成句子,再由解码器理解句子。又不太对,我们平时说的"语法",只是一个东西,怎么在这个图上变成两个机器了?难道编码器和解码器是一回事?还是说语法有两个功能?

思:哎呀!这可是个大问题。不过,我们讨论得有点快。噪声信道的问题还没说,这个问题可能有助于我们解决语法的问题。

奇:噪声信道。其实,我看着它有点多余。你看,信道的左边和右边都是声音文字,为什么不合并起来呢?

思:对,这是个大问题。如果不考虑信道的话,我们怎么交流,信道才是信息传递的途径和载体。在信息论里面,一般只考虑把声音、图像等信号转换为二进制的数字串,然后通过一个信道,重点解决信息损失的问题。而人类的自然语言,是把人们脑子中的想法、情感、意念等通过语音或文字的方式,也就是通过声波或图像的方式传播给其他人。作为编码的结果,语音和文字,跟二进制方式不同。而作为编码的信息源,人们脑海中的语义也不像图像那么确定。我们先聊得简单一些。你看,作为语言最通用的语音形式,其传播会受到哪些干扰?

奇:声音传播,距离长了肯定不行,在电话发明以前,只能近距离通话。

思:嘴巴和耳朵是一对好搭档,一个说,一个听。空气对语音的传播限制,主要也就是距离。那么文字呢?

奇:文字的传播,那就厉害了。只要写在纸上,刻在石头上,就可以保存很久,给许多人阅读,还可以给后代读。哇,特别是石头、金属上的刻字,可以万年不朽哎。不过,我实在想不到文字的具体载体对于我们说的流程有什么影响。

思:也许是因为语音和文字两种形式,已经是很好的媒介了。试想一下,当你听到一个人说话支支吾吾、吐字不清,或者写字特别潦草,难以辨认,你还能很好地理解他想表达的意思吗?

奇:哦,你是这个意思啊。那应该是这个人编码器不好,出了点问题。

思:那是不是媒介的限制,我们的眼睛和耳朵有分辨能力,当然也有解码器的能力,要求语言的语音和文字表达都需要有一定的辨识度呢?

奇:哦,你是这个意思。这样说的话,噪声信道的价值我大概明白了。其实是其媒介的性质决定了语言的传播范围和辨识度的问题。

思:是这个意思,如果我们人与人之间,能有电影里面阿凡达族的心灵直连的方式,那么语言又要大变样了。不过,你说得对,在我们讨论语法的时候,这个噪声信道是有些多余,我们就来简化一下。

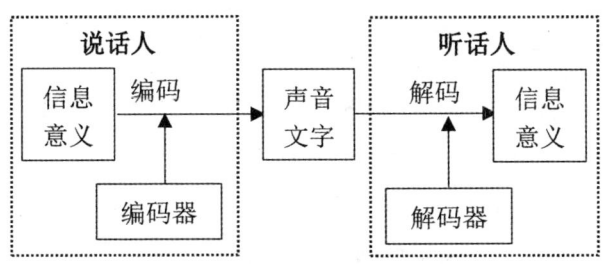

图 3-5　语言的信息通道简图

奇:还是这样看着清爽!这回该聊聊我的问题了。编码器和解码器是怎么回事呢?到底应该合并还是分开?

思:合并也好,分开也罢,至少编码和解码的过程肯定都是存在的,对不对?

奇:这倒是。那为什么以前看语法的时候从来没有区分过这两个过程。

思:这恰恰就是视角的问题。过去我们的语法比较关注的是解码的部分,比如,如何正确地分析一个句子的结构,主谓宾定状补该怎么摆放才对。而自从信息论进入了我的脑子,编码部分成了更重要的问题。编码器要考虑解码器的需求。

奇：需求？什么需求？

思：作为解码器，希望语言文字的歧义越小越好。而编码器，把说话人的脑中意义编码为语句，并不一定有歧义上的考量，反倒是希望越精简越好，以简单的语句来表意即可。

奇：按你这么说，编码器和解码器岂不是一对矛盾？一个希望语句精简，另一个希望语句清晰无歧义。

思：是的呀。所以才经常出现人们听不懂、误解的现象。而词不达意、语无伦次，也是编码器比较任性，没有考虑解码器的要求。

奇：怎么有点复杂的感觉呢。

思：语言的目的是什么？主要不就是为了交流想法吗？如果不考虑听话人的解码能力，语言就没用了呀！

奇：我有点明白了，说话还真不能太任性，除非故意不想让别人听懂，还是要遵循一定的原则的。

思：对！如果想给更多的人说明白一个意思，就得语言尽可能简单而没有歧义，或者想办法提高大众的阅读能力。

奇：啊，所以，小学生们读书写字，要学会使用语言文字这个基本工具。

思：对的，一方面是理解普通媒体和文学经典，另一方面要提高的就是表达和写作能力。所以，阅读理解和写作是语文考察的主要方式。

奇：哈，就是训练编码器和解码器呀！

思：看起来是有些夸张。但是呢，遵循这个路线，比单纯探讨语法更有意思。你看，中小学的语文课上学习的名家名篇，一方面锻炼了学生解码的能力,另一方面也是能充当学习写作的模板。而且,语文课基本上都是以课文为学习的单位,而不是每次课只学一个字词或一个句子。我的意思是说,我们应该讨论一下信息单位了。就是说话人要表达的意思,到底是多大的单位。

##  句子与篇章的编码与解码机制

奇:你是说,说话人有一个意思在脑海里,到底是一个词、一个句子还是一篇文章?

思:是的。你觉得会是多大的单位呢?

奇:这个嘛,要看情况啦。如果我饿了,肯定想吃肉,然后就跟你说,"给我点肉骨头吧"。这算是句子吧,好像算不了一篇文章。如果我想说服你带我出去遛遛,恐怕就得跟你嚷嚷半天,说一堆话,还得摇摇尾巴。

思:你说得很对。人脑袋里的意思、想法有时复杂,有时简单,不一定就只是一个句子。

奇:对啊,再说了,"句子"这东西到底是什么?

思:前面我们聊过一次。句子主要源于人们工作记忆的模块数量和一次发音的音节数量。一个句子大概5—10个词。在远古的口语时代,没有逗号、句号这类标点,句子的概念更无从谈起,最多把人们一口气说的一个片段勉强称为句子。古代汉语里标点符号甚少,也就是个句读的问题。不管是文言还是白话,句读就是书面语里面的停顿之法。而现代书面语的标点符号系统主要是借鉴的印欧语。标点还在其次,更重要的是句子这个单位。在印欧语等

以谓词为核心的、形态丰富的语言里,形态变化决定一个句子只能有一个核心谓词,其他谓词只能降级,采用另外的形态标记。比如,He wants you to come(他想让你来),come(来)这个单词就得加个 to 降级使用。而一个句子如果分为若干小句,也是主从的关系,比如,He wants a man, who can swim(他想要一个男人,会游泳)。汉语呢,没有形态变化,句子也不要求只能有一个主要谓词,句子的边界模糊,往往出现一逗到底的情况。我举一个科学网的新闻报道,这可是科技新闻哦。读读看。

  2017 年 1 月 21 日,紫台近地天体望远镜团组的科研人员观测到一颗亮度为 19.7 等的快速移动天体,其运动速度为 0.89 度/天,约为主带小行星的 3 倍,立即将该小行星的信息上报到 MPC,并于次日对它进行了跟踪观测,呼吁国际上其他望远镜对其进行跟踪观测。①

奇:好家伙,这个句子确实很典型,一逗到底。
思:是吧,偏日常的汉语就更是这样了。一逗到底,在语文教学当中,往往被划入病句错句的范畴,因为这样的小句序列,一般会缺失一些成分,使得指称不明、语义混乱。这明显是拿英文等其他主谓宾要求全齐的语言做样板。可是,如果拿我们汉语的真实文本来看,不管文言文、白话文还是现代汉语普通话,一逗到底的流水句处处可见。
奇:流水句,这个名称不错。

---

① http://news.sciencenet.cn/htmlnews/2017/1/366961.shtm

思:就拿上面这个例子来说,你看它的语义是清楚的,也没感觉到缺什么成分。

奇:是啊,如果说缺失,那是把每个小句当作一个独立的句子,然后看它们的主谓宾是否齐备。

思:那我们就来看看这个句子的主谓宾情况。借用现在国内比较主流的"话题链"理论①,将其处理为下面的形式。第一个小句主谓宾全齐,第二个小句用了"其"来指代第一句的宾语,我们用 O1 来表示这个宾语。第三句则用了第二句的主语"其运动速度"。第四至六句的主语则又使用了第一句的主语 S1,宾语用了"该小行星""它"和"其"三种方式来回指第一句的宾语 O1。

① 紫台近地天体望远镜团组的科研人员(**S1**)观测到一颗亮度为 **19.7** 等的快速移动天体(**O1**)
　　② 其运动速度(**S2**)为 0.89 度/天
　　　　③(**S2**)约为主带小行星的 3 倍
④(**S1**)立即将该小行星(**O1**)的信息上报到 MPC
⑤(**S1**)并于次日对它(**O1**)进行了跟踪观测
⑥(**S1**)呼叫国际上其他望远镜对其(**O1**)进行跟踪观测。

**图 3-6 话题链示例**

奇:看着眼花。但你这么一画,也算清晰了。主语和宾语到了汉语里面怎么可以这么变着形式地用,太神奇了。我平时没觉得这么神,就是看到这个句子也没觉得什么,但画出来就不同了。

思:谁说不是呢?我也经常惊叹于咱们汉语的神奇结构,感觉到它应该不是什么"意合语法",倒是和认知心理相关。

奇:什么认知心理,你是说工作记忆吗?这个概念你之前也用

---

① 宋柔. 汉语篇章广义话题结构的流水模型[J]. 中国语文, 2013(6):483-494.

了,我就没搞懂。

思:**工作记忆**(working memory)是心理学中的概念,我们之前说过人的记忆有神奇的7加减2的单位数量。简单地说,记忆一个11位的手机号码是困难的,但是7位数的话就好记多了。

奇:想起来了,这个确实有趣,不知道有没有人测过我们狗呢?

思:人们在说话写文章的时候,恐怕这工作记忆要运作起来的。拿上面这个例子来说,"科研人员"和"小行星"占据了两个记忆单位,其他的词语都围绕这两个词语展开。小句的主语们往往可以缺省为前面句子的主语,而宾语想缺省的话就不行了,得不停地用代词或同义词语来回指。

奇:这样看的话,好像主语很自由,宾语没那么自由。不过这是一个长句子的情况,如果整个篇章呢?

思:你看这个新闻的下一句。

  通过4天的观测数据确定了2017 BL3的轨道,这颗Apollo型近地小行星的轨道半长径为1.62天文单位,偏心率为0.69,轨道周期为2.06年,属于对地球构成潜在威胁的近地小行星(Potentially Hazardous Asteroid,PHA),是继2016年11月2日发现了首个具有潜在威胁的近地小行星2016 VC1后的又一新发现。

奇:好的,我来看看,哎呀,和上一句情况差不多啊,主语省略得厉害,这汉语的句号就像一个段落的末尾符号,跟英语不是一回事!

思:是的。从编码器的角度分析下呢?

奇:这篇文章就是想介绍科研人员发现小行星这么个事情,要把事情的起因、经过等细节告诉大家。编码就是把这些要素按照事件的先后顺序写出来?但看起来又不是先后发生的顺序?

思:对呀。打开网页看个完整的话,这个新闻是有标题的——《中科院紫金山天文台新发现三个近地小行星》。第一段是:

2017年1月24日,国际小行星中心(Minor Planet Center,MPC)发布了紫金山天文台刚发现的3个近地小行星2017 BK3、2017 BL3、2017 BM3,这三个小行星分属Amor型Apollo型和Aten型近地小行星。

奇:哎呀,这真的不是按照发生的前后顺序,而是……

思:而是要符合解码器的要求。

奇:啊!解码器!对!解码器要求慢慢来。不是按照事件的发生记流水账,而是要建立理解文章的背景知识,有点像"总分总"结构。先用一句话作为引子,然后再一步步展开介绍,让听话人逐步构建和理解全部的信息。

思:说得很妙呀!新闻报道,正是信息传递的典型文本。人与人之间信息的传递,和计算机传数据不同。计算机不求对数据的理解,而人们传递的语言文字则需要在听话人那里重构意义。这就要考虑到听话人的理解方式,也就是解码器的运作方式。如果新闻报道都没有题目,也不遵循"总分总"的基本结构,完全按照事件发生的时间顺序记流水账,会怎么样呢?

奇:我来试试看。紫金山天文台的工作人员观测了很久。他们

从大量的数据中不断地比对分析,慢慢发现了一些特异的数据,其中有几个目标后来定位在离地球不远的位置……好像这样说下去,让人摸不着头脑。还是"总分总"的结构好,一下子就建立了理解的框架和目标。

思:是的。虽说这比较八股,但考虑到人这种动物,是有着自己的认知能力和认知特点的,不能随便来呀。不管是文学创作、撰写新闻稿还是科技论文,都是一种传播信息的行为,要考虑接受者的解码器。

奇:嗯。可是咱们还没说最简单的日常口语对话呢!

思:咱俩不是聊很久了吗?你觉得咱俩聊天有什么特点?

奇:呃!!又扔给我了……咱俩聊天,就像接龙,越聊越长。

思:哎,接龙这个词用得好。接龙,说明咱们聊天内容互相补充,又不断增加新信息。

奇:是的呀。咱们脑海里的工作记忆体也高度相似了吧,才能配合得如此之好!

思:哈哈,我们用语言互相在影响对方的注意力和思考的方向。

奇:好像又跑题了,其实我们是想聊聊语法的,至少把解码器和编码器搞明白。

##  语义研究之难

思:好的,集中一下火力。我们来个难一些的问题,即人们脑海中的意义到底是什么东西?

奇:这个够难!其实我也说不清,好像只有用语言表达出来,才能帮助我理清思路,特别是对话聊天。

思:我也是,若是像高僧那样参禅打坐来悟道,脑子里还是乱糟糟的,不如聊天来的效果好。所以,我经常怀疑自己的脑海里到底有没有语义,是语言帮我思考,还是我自己在思考。当然了,有心理学家区分过语言性的思考和非语言性的思考。我只是说,和你的感觉一样,语言能帮我思考。但意义是什么,好模糊。

奇:被你说得我也晕了。意义这个词,我有点摸不清……

思:那我们是不是进入了一个误区呢?能不能想个办法把语义落实一下。

奇:落实到哪里呢?

思:是的,脑子里的想法,好像连自己也不是很清楚。如果能实时地解剖看看就好了。

奇:脑子不行吧,那是杀人啊。

思:这就是认知神经科学家们的烦恼。受限于伦理问题,脑科学有些实验没法在人体上展开,只能透过一些特殊的患者来了解。当然啦,现在也有脑电仪、核磁共振、脑磁仪来测量大脑的表面和内里的实时运作。不过,现在的定位精度和时间分辨率还不足,只能做做比较粗糙的定位。

奇:那是,你们人类最讲究,不拿人做实验,折腾小白鼠、猴子啊,我们狗也贡献巨大。

思:不解剖,不实验,生命科学咋进步?实验仪器也重要,将来精度提高了,人类大脑的奥秘慢慢揭开,我们今天聊的东西都不是事儿。

奇:按你这么说,我们这么聊是很无聊的。任何问题将来总会解决的。

思:没错。可我们是我们,我们没法活到遥远的未来,只能追溯历史,遥想未来,在我们的有生之年,探讨我们喜欢的问题。

奇:不管前世与来世,只问今生!汪汪,还是要继续讨论下去的。开始吧!

思:够气魄!既然科学仪器没那么先进,咱俩又不是那方面的工程师,还是回来聊聊我们能做的事情,比如,暂时先用计算机的方式来尽可能地模拟语言行为。

##  人机对话与图灵测试

奇:啊,计算机,好。我听说我们家族出了个很厉害的人物,阿尔法狗(AlphaGo)[1],计算机围棋赢了人类高手。同样的技术,是不是也可以让计算机说话呢?

思:如果计算机能和人对话,是不是在很大的程度上揭开了语言的奥秘呢?

奇:当然。不过,下棋和说话差别好像很大的。

思:是的,现在各种棋类游戏,计算机都可以赢人类,但自动对话系统并没有突破性进展。早在 20 世纪中期,英国科学家图灵(Turing)就提出了计算机智能的两大测试[2],一个是下棋,一个是人机对话,并预测 21 世纪初,这两个问题应该都可以随着计算机软硬件的发展而基本达到人类水平。现在看,图灵的预言只实现

---

[1] https://baike.baidu.com/item/阿尔法围棋/19319610?fr=aladdin。

[2] Turing A M. I. Computing Machinery And Intelligence[J]. Mind, 1950, 59(236): 433-460.

了一半,实际比我们想象的要复杂。

奇:那你的意思是,这么多年,人们已经尝试了很多对话程序了?

思:是的,早在 20 世纪 60 年代,就开始了这种尝试,早期的 Alice 机器人,采用的方法很简单,根据问答的模板来做,比如下面这样。"*"代表任意的字词,"/"表示或者。只要人们的问句中含有问姓名的字眼,答句就说自己叫 Alice。

问:你 * 名字/姓名?

答:我的名字叫 Alice。

奇:这也行?太机械了吧。稍微复杂点的肯定乱掉。比如我问她,"你的名字为什么这么好听?"

思:当然,机器现在还没法像人一样理解。基于模板的问答方式只能在一定的场景中有用。

奇:我听说机器人 Watson[①] 已经赢了知识问答竞赛,很厉害!

思:是的,他可以回答"谁在奥运会上拿的金牌最多"之类的百科知识问题。不过,只是答句知识库变大了,检索性能提升了,它只能回答特定格式的问题,并不能完成真正的人机对话。

奇:那你说怎么样才算真正的人机对话?

思:我说的不算呀。图灵当年想了个很妙的方法,就是让一个人作为裁判和机器人聊天,但是我们不告诉这个人到底是跟人聊天还是跟机器人聊天。就好比我们现在用的 QQ、微信,如果聊天的对象是机器人,而我们聊了半天也没察觉出对方是机器人,那么就算通过了"图灵测试",这个机器人的语言能力也就很强了。

---

① https://www.ibm.com/watson/.

奇:嗯,这个办法不错。可以先在我们狗身上做一个!

思:可惜,到现在,图灵测试仍然没有通过,只有偶然地骗过几个小孩子①。人机对话的难题,跟 Watson 的问题不太一样。Watson 是个万事通,百科问答的好手,但他聊天能力很差,即使三岁小孩的聊天能力也达不到。你看,小孩子的语言能力并不算很强,百科知识更是有限,机器为什么这么难模仿呢?

奇:嗯,机器说话太生硬⋯⋯问题到底出在哪里呢?日常百科的知识库也有了,自然点的问答却搞不定⋯⋯

思:那我们可以分析一下,人的聊天有哪些特点呢?

奇:人的对话,至少不是那种机械的问答模板匹配,而是每个人有一定的个性。对,每个人都会有所区别,男人、女人、大人、小孩,不同年龄、性别、职业等等,聊天各有特点。而机器人的特点是什么呢?

思:说得好,机器人给我们的感觉是,冰冷,生硬,机械⋯⋯我们要给机器人以个性。哎⋯⋯可是个性是个什么东西呢?

奇:这⋯⋯晕掉。从来没想过这个问题。我想想啊,一个人的个性,无非是通过兴趣、爱好、言谈举止来体现,乐观还是自卑、易怒等,好像还有其他的,说不清了。

思:这倒可以反过来做,从一个人所有的聊天记录中挖掘一个人的性格特点和特征词语、口头禅、句式,甚至修辞手法,但是获取这样的隐私材料太难了。要做到这一点,得先吸引人们在网上聊天。

奇:于是我想到了微信、QQ、MSN。哎呀,我们的隐私都在他们那了,也不知道他们这些公司有没有分析过我,看看我是个什么性格?哎,对,能不能知道我是条聪明的狗?

---

① http://www.guokr.com/article/438567/.

思:要想做好人机问答,看来也只能靠这几家有大量聊天记录的公司了。我有时候想,这些大公司,如果仅仅根据用户海量的问答数据,做个简单的匹配,也许做出的问答系统就很不错了。但是,转念一想,机器人应该是性格比较好的,如果海量匹配的话就乱套了,会是个反复无常的机器人。

奇:对啊。我想到另外一个缺陷,就是每个用户应该也是唯一的,应该根据和每个用户聊天的所有记录,来进行后续的对话。再清楚一些地说,我的意思是,对话是面向不同用户的、多轮的,不是单次的行为。

思:太对了。你看 Watson 就只是个单轮会话的机器人。只针对一个问题,给出一个答案。像咱俩,都聊了成百上千轮了。

奇:而且还会轮下去。人有情感,还会运用夸张、拟人、比喻、反语、一语双关等等修辞手法。这些东西都不是客观的百科知识,机器人能搞定吗?

思:很难。你看,人的情感种类很多,细究起来,每一种的触发条件、过程和结果都比较复杂。国外学者认为可以分出六种基本的情感:快乐、悲伤、恐惧、惊讶、愤怒、嫉妒[1],通过组合的方式形成多种多样的情感。即使按照六种来研究,工作量也大得很。

奇:怎么个大法?

思:就算不做心理学的行为实验,仅仅从文本和聊天材料中标注人们的各种情感,再建模计算,也是够做的了。再说,人的情感往往是复合的,即使是单一情感的表达,到底落实在哪种语言单位

---

[1] Paul Ekman. An Argument for Basic Emotions[J]. Cognition & Emotion, 1992, 6(3-4):169-200.

上也不那么容易标注,比如,是词、短语、句子还是修辞手法?

奇:听起来脑子涨……看来你是个文科生。我听理科生说,文科生常爱发散联想,把问题说得特复杂,无从下手,最后往往一事无成,只能感慨天地万物的神奇。

思:我知道这说法,理科生呢,喜欢柿子拣软的捏,只做目前的技术能做的,复杂的先不管。我的意思并不是把语言说得太复杂,然后感慨造物弄人,束手无策。你看,如果语言是个软柿子,人机对话的问题早就被理科生解决了嘛!我们正是在分析他们为什么没解决。

奇:这么说,我似乎有点懂了。可是,按你说的,情感已经如此复杂,还有许多的修辞手法,这可怎么应付得了!

##  语言与仿真游戏

思:你打过游戏吗?

奇:嗯?打过,怎么了,这和人机对话有什么关系?

思:关系很大。你先告诉我你喜欢什么游戏?

奇:好吧,我最喜欢开赛车!开起来特别快,特别过瘾!

思:那你觉得游戏的视觉效果怎么样?

奇:那还用说?简直跟真的一样,路啊、车啊、树啊、天空啊,都很逼真,开起来真带劲儿!

思:好,也就是说,游戏里面有一个局部的以赛车为主题的仿真世界。

奇:对!

思:在这个世界里,各种物理要素都得到了很好的仿真。我的问题来了,对于这个世界,语言应该放在哪里?

奇:语言,语言为什么要放入这个世界?语言不是人类才有的吗?在这个世界怎么放呀?哦,如果非要放的话,给赛车手和观众?

思:你看过 F1 比赛的实况吗?

奇:啊,看过,特别刺激。

思:里面有语言吗?

奇:你是这个意思呀!有,当然有!解说员说个不停,教练和车手也说个不停。

思:现在感觉有区别了吗?

奇:在语言这一块,还是差距很大。你是不是说,语言模块在电子游戏中其实也做得很差。

思:不完全是这个意思。你看,在仿真得很好的游戏里,语言的词汇基本上丰满了,名词可以对应到各种物理要素上,比如赛车零部件、道路、花草树木等等。形容词可以对应到这些物件的颜色、大小、数量的多少等等。动词可以对应到加速、超车、碰撞等事件上。词语的所指都已经明确了,为何语言模块做得不好呢?在这种仿真环境下,语言会话应该做得很棒才对!

奇:哦,你是想说,在一个完全确定了的游戏世界里,词语都有了明确的所指物,为何做不好语言模块。

思:具体地说,首先是**语言生成模块**,也就是编码器,怎么让赛车手说话,怎么让评论员说话。他们可以根据你操作赛车的各种指令和结果来生成句子。

奇:我来想象一下,我按了加速键,游戏应该说"赛车在加速";我超车了,游戏说"你超车了,真棒!"。不过,这好像还比较模式化,跟 Alice 模板对话差不多。

思：说得对！太模式化了！这样程序员实现起来，无非是写一大堆的条件语句，在什么情况下，说什么话。

奇：那有什么好办法能让赛车手说话像人说话一样？比如，我赢了比赛会说哪些庆祝的话，输了又会怎么说。

思：还真有个简单些的办法。如果引入**机器学习技术**，让人来教机器说话，就有趣了。你看，找一位资深的评论员或者赛车手，让他根据用户赛车的游戏录像来进行解说。机器呢，就学习解说词和游戏物理要素的关联性。如果解说的数据够多，以后再玩游戏时，就可以把这些话调出来了。

奇：那如果遇到新情况呢？

思：所以，数据要足够多。遇到新情况，可以不说嘛！你看看，这就是理科思维了，我也会！

奇：啊，在这等着我呢！看来理科思维也不太好，真的是专捡软柿子，不啃硬骨头。

思：别急，其实这不是文科理科的本质差别，而是做工程的实际需要，暂时解决不了的，只能慢慢研究，先解决能解决的而已。如果一个电子游戏一开始就追求无限接近 F1 实况的感觉，恐怕几十年也做不出来，游戏开发公司只能关门大吉。

奇：明白了。难怪这些游戏每年都更新，画质和操作感越来越好。不过，语言的问题就这样了吗？情感与修辞的问题在赛车游戏里能解决吗？

思：恐怕用人教机器的方法还是不行。我们换个思路来看，赛车世界里，语言的哪些东西没能被仿真？

奇：当然是你说的情感，还有修辞手法。

思：落实到具体的语言单位上，表示心理活动的词汇、精神世界的词汇,赛车世界都不好对应,比如,"开心、难过、愿望"等等,甚至很多形容词也不简单,比如"快、慢、长、短",都是相对的。而虚词里面的介词、连词、助词、叹词也需要语言学家来好好解决一下。

奇:这些词真难对应到物理世界之中。我之前都没有想到。

思:我也没想到。这么聊下来,发现语言学家应该主力研究精神世界的词语,如一些虚词等。那么,我们也就区分了两个世界,一个是自然物理的世界,或者说自然界,另一个是心理的精神世界。貌似这精神世界更难研究。

奇:语言学家应该啃精神世界的语言问题这个硬骨头。

## 修辞手法与心理世界

思:精神世界的词语对应于人的各种心理、精神活动。这恐怕要等神经扫描仪器的更新换代,现在研究起来还挺费劲。而且,精神世界还不止是词语的意义对应物的问题。我们可以来细究一下**修辞**问题。

奇:我早等着你啦!这个问题肯定很有趣!

思:好吧。那你就猜猜,狗在人们的心理世界是什么样子?

奇:为什么是狗?狗也算心理世界的词语吗?狗不应该算是自然界的吗?

思:好吧,对不起,这个问题对你太尖锐了。那你说说,猪在你的脑海里是什么样?

奇:只是换了个动物。猪,肥头大耳,比较聪明,肉很香,说的我都流口水了……

思:哎呦,问错狗了。你看啊,这猪在我们中国人的脑海里跟你说的不大一样。

奇:你们是人,当然不同。

思:我们一提到猪,想到的也是肥,但是呢,还有笨和懒。

奇:哦,我常听你们吵架时说,"你蠢得跟猪一样"。

思:这也被你听到了……不过,现在听懂了吧。我们都觉得猪又蠢又笨。

奇:我不大明白,猪和我差不多聪明,可很少听到人说狗笨。

思:你看,这就是差别!我们觉得在动物界,鸟啊、猴子啊、大象啊比较聪明。

奇:真不公平,猪其实挺聪明的,个头又大。

思:谁说不是呢!我其实是想说,动物在人们心中的感觉并不是纯物理印象。

奇:哦,动物虽然是自然界的,可是在人们心目中的感觉还是主观的。

思:那么这些主观的心理印象,你觉得有价值吗?如果我们可以把这些东西都收集起来。

奇:你是说收集"猪—笨""猴—聪明"这样的东西吗?好像有点用,这样我就可以来指责人了。不讲"你真笨",而说"你是头猪"!

思:那么"伤心"怎么说?

奇:一天没吃到肉呗!

思:这样,借助"词语—形容词"是不是就建立了"事物—情感"之间的联系?

奇：可以哦。对，还可以反过来理解！听到"你是猪"，就知道别人在批评我懒或者笨。

思：不过，我们从哪里可以得到这些知识呢？

奇：可以做问卷调查，或者让几个语言学家去思考。

思：为什么是语言学家去想呢？普通人不行吗？

奇：对哦，普通人也就够了，就怕一下子想不到几个事物的情感。而且呢，不同的人可能会有不同的情感，有人认为猪笨，也有人觉得猪聪明。不好办。

思：传统的问卷调查对于这个任务来说耗时耗力还未必准确，得有新的方式才好。在这个网络发达的世界，人们的通话记录、短信、微博、微信、论坛等中的丰富的语言表达数据都可以作为数据来源。

奇：等一等。这个不合适吧，不要侵犯人家隐私！

思：你看看，语言研究的又一个禁区。我们前面说了几个禁区了？

奇：好几个了。我来数一数，一个是神经科学家不能对人做活体解剖等伤害实验，一个是不能把婴儿幽闭于语言环境之外，现在是不能随意使用带有个人隐私的语言数据。没想到，语言学的研究居然有这么多禁区，怪不得很多问题难以解决。

思：不过，隐私的问题，显然没有前面两种禁区那么严重。有不少语言学家都以自身的语言数据或孩子的语言数据来研究语言学问题，最令人称奇的是麻省理工学院的 Deby Roy（戴比·罗伊）对自己孩子长达3年的全方位录像①,为儿童如何掌握母语提供了非常重要的数据,也有了不少漂亮的研究成果。当然啦,隐私问题确实很麻烦。要么是冒着违法的风险偷着做,要么干脆放弃,退而求其次。只用互联网上公开的数据,比如论坛、新闻、购物网站之类。

奇:这些数据恐怕也不少了。

思:是的,这些也都是人说的、人写的文字。利用互联网上的庞大语料,可以统计出很多有意思的现象。举个简单的例子,如果我们有100亿字的语料,就可以用计算机程序快速地统计出每个字的使用频率。不过,由于汉语文本天然没有词语边界,想统计词语的频率就很困难。

奇:哎呀,那这100亿字的语料不都浪费了,字频有多大用处,而且跟我们刚才说的调查人们的情感态度不相干呀!

思:数据摆在那儿,关键是会不会用。这就好比做菜,大厨用简单的食材也可以做出美味佳肴。

奇:好吧,你又有什么想法,说吧。

思:这也不是我的点子,老外就想了个招儿,用"as+形容词+as+名词"的模板来从英文语料中提取出"名词—形容词"对。你看"as stupid as a pig"不就可以得出"pig—stupid"来了嘛。

奇:这个招数不错。用在汉语里,我想想啊,用"像+名词+一样+形容词"的模板,应该也行。

思:厉害!虽然咱汉语没有词语边界,但用"像+A+一样+B

---

① Roy D. New horizons in the study of child language acquisition[C]// INTERSPEECH 2009, Conference of the International Speech Communication Association. Brighton, United Kingdom, September. DBLP, 2009:13-20.

+句末标点"的方式,就可以抽取出大量的"A—B"对了。

奇:这样子得出的数据肯定很好玩。我真想知道狗在你们心中的模样。

思:好,有空可以去网站①上查查看。狗在人们心中高频的认知特点有"趴、忠诚、听话、爬、快乐、摇尾巴"等等。是不是很贴切?

奇:蛮开心。我们狗多好呀! 这互联网的数据是挺有用处的,就是怎么用这些数据挺费脑筋。

##  互联网时代的语言学机遇

思:互联网的数据,给研究者提供了史无前例的巨大机会,用得好可以解决很多语言难题。但是,互联网产业可不是为语言学而生的,互联网的巨头们并不关心语言学问题,更不会白白养几个语言学家。即使语言学家研究出了一些重要成果,也往往没有商业价值。比如,利用互联网的不同年份的数据很容易得出每年的新出现的词语、消失的词语。但对公司来说,这就是个小玩具,不堪大用。这不能不说是当代语言学发展的一大悲剧。

奇:就没有一位语言学家成功打入这些大公司吗?

思:纯粹的语言学家很难进入,能进入的也是具有计算机背景的语言学家。他们负责开发语音识别与合成、机器翻译、舆情分析等系统,用的大都是统计机器学习的算法。由于要处理的语言不止是

---

① www.cognitivebase.com,仅呈现了十分之一的数据。具体的数据加工流程和细节参见李斌,陈家骏,陈小荷.基于互联网的汉语认知属性获取及分析[J].语言文字应用,2012(3):134-143。

汉语,在算法和程序设计上,会尽可能地避免语言的个性问题,开发跨语言的通用系统。商业产品对短平快的要求,不会容许语言学家慢慢拨弄各种语言现象。而且,传统的语言学家,由于不大了解计算机的算法模型,提出的很多解决方案反而拖后了开发进程、降低了系统性能。说来都是泪,1988 年著名语音处理专家 Frederick Jelinek 在国际会议发言时曾经说了一句,"每开除一个语言学家,我的系统性能就提高一些"(Every time I fire a linguist, my performance goes up)①。从那之后,语言学家在偏语言计算领域研究的地位可想而知。统计自然语言处理技术和语言学两者分道扬镳。

奇:听起来很悲剧!语言的数据丰富了,语言学家反而被排挤了。伦理上有禁区,技术上被排挤,这还研究什么?!

思:所以我说呀,语言学家自己得转型,或者依靠其他领域的学者来关心和研究语言问题。真是可惜,语言学难得遇到这么好的时代,语言材料极大丰富,计算机技术日新月异,怎么能不大干一场呢!

奇:对呀!听你说的都郁闷!怎么会变成现在这个样子?

思:也许是因为语言学一直都处于人文社科的领域,文科知识背景的限制吧。这个时代,在海量的语言大数据和计算机技术的支撑下,语言学应该迎来大爆发才对。用天文学打个比方来说,互联网就好比是望远镜。

奇:望远镜?这和望远镜有什么关系?语言用望远镜能看到什么?你是不是说错了,是显微镜吧。

思:前面说的核磁共振、脑电波啊,都是显微镜,看看人的大脑

---

① Hirschberg, Julia (July 29, 1998). Every time I fire a linguist, my performance goes up, and other myths of the statistical natural language processing revolution (Speech). 15th National Conference on Artificial Intelligence, Madison, Wisconsin. Invited speech.

活动。我说的望远镜,意思是互联网上的数据让我们得以听到数不清的口语、看到数不清的书面语材料。这对以前的语言学家来说遥不可及。你知道的,人的肉眼所能看到的星星不及1万颗,是伽利略的望远镜一下子扩展了人们的视力,看到了数量可观的星星,重塑了天文学。

奇:你打的这个比方,有趣。一下子看到许多星星,怎么就重塑天文学了呢?

思:星星数量的暴涨,让传统的占星师们无所适从。之前是地球中心说,所有的星辰都围绕地球转。现在星星多了,观测的结果绘制出来,必然是太阳中心说,而后是星系说等等。有趣的事情是其背后的逻辑相似性。由利用天文望远镜一下子暴涨出的天文数据,与传统的理论可能会存在不少冲突,当然也可能会支持已有的理论。这么多的星体数据,其描写的手段无非是天球坐标系。而语言数据的描写更简单,只有语音和文字而已。天文学的进步不只是数据激增,而且有了这些数据之后,人们对宇宙认知有了新变化,要寻找天体运行的规律。

奇:对,天体运行的规律。我想起来了,有行星按椭圆轨道运行、万有引力的定律。数据多如牛毛,不是给人看的,更不是给咱狗看的,能看的、记住的是这些简单的定律。

思:对啊,互联网上的数据看不完、听不完,需要把握的是语言运行的规律。

奇:等一等,语言运行的规律应该还是靠人脑,怎么要靠互联网了呢?

思:这是两个不同的问题。先把互联网讨论一下再说人脑好吗?

奇:好吧。语言运行的规律到底是啥?万有引力之类的定律都写成了数学公式,语言的规律也能写成公式吗?

思:厉害!也许问题没那么简单。牛顿为了研究运动力学,发明了微积分。爱因斯坦也不得不求助于非经典几何学的黎曼几何。语言学说不定也需要新的数学方法。数据这么大,变量那么多,用小学数学显然不合适。

奇:对哦。语言学好像真没几个公式。

思:是呀!我一直觉得语言学需要几个像样的公式。而且呢,总觉得是有东西可以公式化的,就是写不出来。很郁闷的!

奇:观测数据已有,但还写不出公式,那还是数学工具不理想。

##  语言的统计特性:齐夫定律

思:若说一个公式也没有,也不对。**计量语言学**(Quantitative Linguistics)就是想研究语言数据的统计特性的。我们来看其中最基本的一个公式——齐夫定律(Zipf's law)。20 世纪 20 年代,哈佛大学的齐夫(Zipf)在研究词的频次与其排名时发现了一个奇怪的现象。如果把一个文本中所有的词按照出现次数 f 降序排列,每个词会有一个排名 r。排名第一的词也就是最高频的词。奇怪的是,出现次数 f 和排名 r 之间呈反比例关系。写成公式就是 $f*r\infty k$,其中,k 为一个常数。这个公式的意思是,只要文本规模比较大,排名靠前的词语占据了文本相当大的篇幅;排名越靠后,词语数量越大;排名最后的词语,也就是只出现 1 次的词语大概占据了一半的数量。这和统计学上讲的长尾分布是一个意思。出现频率低的事件,类型也多样。

奇:哦,还真有一个公式。这公式看起来蛮简单,有用吗?

思:这个公式只是个大体的词语分布函数,当然还不能揭示语言的本质属性,但它有着不错的指导作用。来看一个真实的数据。下面是《人民日报》1998年1月的词语分布情况。由于前几名词频很高,最后一半词语只出现一两次,导致这曲线很不好看。所以,一般采用取对数的方法,能更好地看出两者的反比例关系。

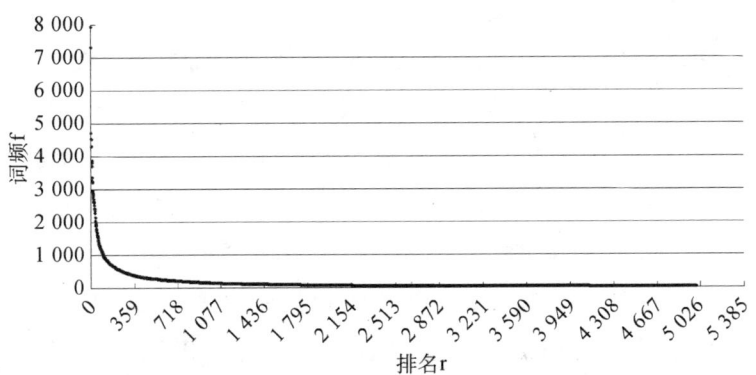

图 3-8 《人民日报》1998年1月词语分布情况,词频与排名的关系

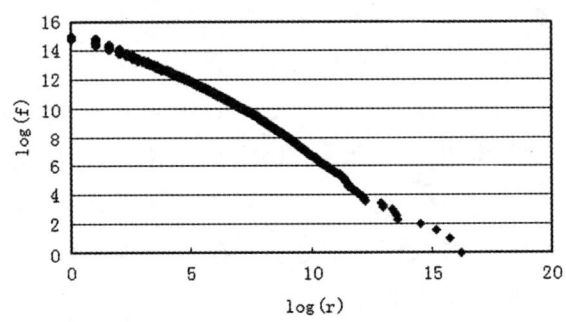

图 3-9 《人民日报》1998年1月词语分布情况,词频与排名的对数关系

从图上能够更清楚地看出词语分布的两极分化现象。高频词不多,低频词数量大。这个公式的指导性意义在于,如何对付高频词和低频词。

奇:高频、低频,这个有什么用呀!

思:咱们用《人民日报》1998年1个月的语料统计一下。这语料一共包括1 121 017词次,55 226个词(包括标点)。最高频的逗号出现了73 923次,其次"的"出现了54 453次。前8 134个词就覆盖了90%的篇幅。这还不是很明显。

奇:是看不出有什么大用。

思:明显的是汉字,我们前面讨论过汉字的数量在十万级别,但我们日常使用,没必要掌握那么多汉字。那么到底需要掌握多少汉字呢?我们还看这个语料,它总共有1 606 454字次,却只用了4 578个不同的字。前2 264个字就占据了99%的篇幅。也就是说,掌握2 264个字,就基本上可以看懂这一个月的报纸了。

奇:这个东西好哎!如果语料的规模更大一些,不就可以知道常用汉字有多少了吗?几千个汉字,看来也就够用了啊!太好了!不用学写那么多字啦!

思:你说得很对!在这个电子文本超多的年代,做这件事不难。一个简单的程序就可以统计出来,计算机很给力!相比过去来说,编制中文常用字表就容易多了。可以根据使用的频率来区分汉字的等级,比如最常用、次常用、一般常用、少用、罕用、极少用、死字等等。

奇:哈!看起来不难。而且在教小孩子、留学生学字方面还很有用,不用学那么多用不到的字。

##  语言统计与字典编纂

思:可这件事在计算机诞生以前,对语言学家来说非常艰巨。过去都是用卡片的方法来做,每个字一张卡片。然后,找一堆文学名著、报纸杂志,遇到一个新字建一张新卡,每出现一次就通过"正"字来记录次数。那叫一个辛苦!

奇:啊——难以想象!若是有一两万个汉字,就是一两万张卡片,画"正"字岂不是眼花。

思:是的!一方面要找到这个字的卡片,所以必须给字建立拼音或者笔画的检字法,找不到或者卡片重复了都是麻烦事。另一方面,对于高频字来说,一张卡肯定不够画。

奇:哈哈哈哈!我忍不住啦!若是给"的"建一张卡片,这"正"字岂不是要画死!

思:所以计算机实在是太方便了!如果用 python 之类的脚本语言,只要寥寥十行,就能完成古人十年之功。

奇:厉害!我也要学计算机啦!

思:可是计算机能做这件事也很不容易,经历了不少坎坷,这个我们后面再说。我忽然想到,古人做汉字的检字法,可能还不是为了编字典,也许就是做汉字卡片的时候抓狂了。按什么顺序来排字,还真是个挺难的问题。

奇:刚才说啦,要么是拼音,要么是笔画!

思:两三千年以前,就有古人做字典了,那个时候没有汉语拼音,用笔画也就成自然了。可是用笔画看着也眼晕呀!想到东汉的许慎编《说文解字》,9 353 个汉字,就是用了 540 个部首作为一级索引,然后根据笔画的多少来排二级索引,真难为他了。

奇:540个部首!天呢!真是比拼音麻烦多了。他怎么总结出这么多部首的,真是个奇才!

思:想来,他拆字的功夫了得。我来设想一下他的做法。首先,他整理过1万字左右的字表。对于这些字,遇到一个新偏旁就新建一张卡片,每张卡片上记录含有这个偏旁的汉字。

奇:哇!这就需要他仔细地考虑每个字的结构,哪个部件做偏旁。如果一个汉字由两个以上部件构成,他可是够烦恼的了。

思:是的,这样的字数量又不少,肯定耗费了他很多心血。在对每个字分析的过程中,他就会区分出纯粹的独体字、多个部件合成的字。独体字往往是具有一定绘画性质的"象形"或"指事"。比如象形字"山"、指事字"上"。多个部件合成的,有"会意"和"形声",比如会意字"休",人靠在树上歇歇;形声字"河","氵"表意义,"可"表读音。还有些字没法从字形上得到完美解释,只好另立两类,为转注和假借。这样的字形分析,对于中文造字法研究意义很大,也是传统的文字学家喜爱的主题。现在我们接着看看齐夫定律的指导意义。

奇:还能指导什么?

思:其实汉字的部件,包括形旁和声旁,也可以用统计的方法,看看是不是符合齐夫定律分布。

奇:这个有意思。从统计上得到最高频、最有用的汉字部件。这样学习汉字的时候,先掌握这些部件,写汉字也变得简单了。看来统计方法真的蛮有用。

##  活字印刷的信息原理

思:我想到了一个严肃的话题,那就是咱们国家的活字印刷术。

奇:活字印刷,怎么扯到印刷上了?我知道,活字印刷是中国古代四大发明之一,中国的骄傲呀!

思:在四大发明里面,我觉得这个是最费解的。你看,火药、造纸和指南针都得到了后世的产业化应用,不谈世界,至少在古代中国实用价值巨大。而活字印刷,并没有大规模应用,只是一门相当小众的技艺,没有对文字载体的文化文明传播与普及做出重大贡献。

奇:啊!不会吧。那中国古代的书都是怎么印刷的?没有用活字印刷吗?

思:中国古代的书,基本靠手抄呀!甲骨文还靠刻。用刀石刻在骨头上太费劲了,也有笔墨写在木板、竹片上的。当然贵族才能用得起昂贵的锦帛。两三千年前,能掌握书面语的人很少,文盲率是很高的。直到公元1世纪末,东汉的蔡伦改进了造纸技术,用树皮、麻头等低廉的材料制成轻盈的纸,写书、搬书、读书才比较轻松。

奇:这个我们前面也聊过,古埃及的纸草好像更早一些。

思:纸便宜了,好用了,读书人才能多起来。教育的成本,很多都在这基本的笔墨纸砚上,买不起书怎么读书。我只是感慨一下,东汉以后的中国,由于造纸的成本下降,文盲率得以下降,中华文明能得到更好的传承、普及与发展。

奇:哦,这时候还没有印刷术吧。全靠手抄,不得累死!从有纸

到印刷,还要多少年呀?

思:说来悲剧,印刷术真是姗姗来迟。直到唐代传播佛经之时,才批量地用刻满字的整块木板来印刷。这几乎用了八百年的时间。

奇:天呢!这么久!

思:奇怪。其实很久之前,就有印章了。雕版印刷只是相当于刻了个大印章嘛!居然要花费七八百年时间才实现。

奇:活字印刷呢?我记得好像是宋代叫毕昇的人发明的。

思:是的,活字印刷倒没等太久。我们来看看《梦溪笔谈》的记录。

版印书籍,唐人尚未盛为之,自冯瀛王始印五经,已后典籍,皆为版本。庆历中,有布衣毕昇,又为活版。其法用胶泥刻字,薄如钱唇,每字为一印,火烧令坚。先设一铁版,其上以松脂腊和纸灰之类冒之。欲印则以一铁范置铁板上,乃密布字印。满铁范为一板,持就火炀之,药稍镕,则以一平板按其面,则字平如砥。若止印三、二本,未为简易;若印数十百千本,则极为神速。常作二铁板,一板印刷,一板已自布字。此印者才毕,则第二板已具。更互用之,瞬息可就。每一字皆有数印,如之、也等字,每字有二十余印,以备一板内有重复者。不用则以纸贴之,每韵为一贴,木格贮之。有奇字素无备者,旋刻之,以草火烧,瞬息可成。不以木为之者,木理有疏密,沾水则高下不平,兼与药相粘,不可取。不若燔土,用讫再火令药熔,以手拂之,其印自落,殊不沾污。昇死,其印为予群从所得,至今保藏。(引自北宋沈括《梦溪笔谈》)

奇：我看着眼花，能不能帮我翻译一下？

思：好吧，那就简单地说说。意思是，以刻印章的方式，用胶泥来刻成一个个的字，用火烧一下，就变得像石头一样硬了。然后根据书页的内容，在一个铁板上排列为方阵，刷上油墨就可印刷。如果只印几本书，并不比手抄或雕版印刷更快。但是如果印刷数量大，可以做两块铁板，一块在反复印刷，另一块在排版。两块铁板交互使用，书就一页一页地印出来了。

奇：这个办法很巧妙哎！不是一个很好的印刷方法吗？为什么没能推广呢？

思：别急，这段文字的后面一半说，每一个汉字都有好几个泥印，像"之、也"这样的常用字，备有 20 多个印。不用的时候，这些泥印按照韵来排列，储存在木格中。如果遇到罕见字，则立刻用泥雕刻一个，烧一下即可。

奇：这也看不出什么问题呀。不过，"韵"是什么？

思："韵"就是问题所在。"韵"的意思大致相当于今天说的韵母。每个字的读音都有韵母。唐宋时期，厉害的地方就在于声韵之学。此时汉字字音的研究达到了很高的成就，对于声母、韵母、声调三个方面的分析较前代大为进步。所以，到了宋代，检字法也不仅用部首笔画了，还增加了韵。韵是今天说的"韵母"和"声调"的组合，所以韵的数量较大。按今天普通话的韵母 39 个、声调 4 个来看，组合起来也有 100 多个。而宋代区分出 8 个声调，比如有名的《广韵》一书中就有 206 个韵。

奇：206 个？也就是说，要 206 个木格来存放这些泥印吗？

思：是的。如果当时用《广韵》的话，是这样。

奇：那同一个韵下面，不是还有很多不同的字吗？有的韵字少，

有的韵字多。字多的那些韵,找起字来,不是很头疼?还有个问题,"之、乎、者、也"这样的常用字还备有很多个泥印,那不是摆放得挤死了。

思:挤倒也没什么,可以多放几个木格嘛。只是这样检字会很耗时间。

奇:这排版工人的功夫了得,得熟记每个韵、甚至每个字存放的大致位置,还得会刻字。这比雕版印刷的单纯刻字复杂多了。

思:你看,除了检字,还有个问题要命!就是排印完一页后,版就拆了,然后用拆下来的泥印再排下一页,这样不利于书籍的重印或简单改版。

奇:有点像狗熊掰玉米,印完了,版没了,只剩那些泥印。好处是不用存放那么多雕版了。

思:当然,在无版印刷发明以前,留不留版,是个让人纠结的问题。但只要想留版重印,活字印刷就不妥了。

奇:啊!留版的意思是,每一页的版都留着。于是活字印刷的优势全没了!书中的每个字都得烧出来排版。这样看,活字印刷毫无优势了呀!反而还慢了,因为不光要刻字,还得排版。胶泥做的字,能保存多久,恐怕也得打问号。

思:对呀!所以毕昇的活字印刷只能解决单次印刷的问题,属于单流水线作业,不能满足多书同时印刷、留版重印的工业化印刷要求。

奇:等等,你又说了个新问题,什么是多书同时印刷?

思:你想想,毕昇的方案只能印一本书对吧。对于古代的印刷厂来说,可能会同时印刷几本书,这样的话,毕昇的活字版就没法应对了。如果多开几条流水线,毕昇的方案就得增加活字的储备量,加上不同字体、字号,木格子就要变得更多更大。那个年代,印刷体汉字的体型又大,几乎相当于今天 Word 里面的一号字、二号字。泥印多占地方呀。

奇:哇! 这样子,毕昇的方案只适合小作坊折腾印书。那后来工业级印刷是怎么改进的呢?

思:改进什么?

奇:就是改进检字法,要能满足大量重复的字的存储和检索。这样才好解决留版或多本书一起印刷的问题。

思:说来好像也不是很难,就是增加泥印的数量,随排随检。

奇:不对,"之、乎、者、也"得准备多少个呀! 想起一句话,"量变产生质变"。

思:不过,我们已经讨论清楚了,毕昇的活字印刷方案是有弊端的,小作坊印刷没办法大规模推广。即使是小作坊也需要技能比过去强的工人。工业化活字印刷的方案,又是七八百年才得以实现。

奇:那么久啊!

思:这还多亏了西方人在拼音文字上面做出了活字印刷方案[①]。

奇:拼音文字?

思:你看,英文、德文大约才 30 个字母,加上大小写、数字、标点,充其量 100 个也就差不多了。

奇:这又怎样?

---

[①] 1450 年左右,约翰内斯·古滕堡(Johannes Gensfleisch zur Laden zum Gutenberg)制造出了第一台铅活字印刷机。参见 http://en.wikipedia.org/wiki/Printing。

思:检字法不用烦了!

奇:真是不用烦了,100个木格子足足的,而且这100个泥印的数量也大致相同,不会像汉字悬殊那么大。

思:字的数量少,还有个好处,不用一个个雕刻了,欧洲的活字想了个办法,用钢铸字模,也就100个模吧。

奇:钢模有什么用?用钢取代泥做活字?

思:不是,是用铅锡等较软金属来取代泥做活字。钢模硬度高、熔点高,是用来批量浇制铅锡活字的。

奇:哇!这解决了大问题了!刻工不必每次都雕刻新字,可以批量制作活字了。

思:后来,19世纪初,传教士为了传教散经,活字印刷回到了中国①。只需再做一件事,汉字活字印刷就火起来了。

奇:我知道啦!就是汉字检字法啦!只要想办法又快又好地检出汉字就行了!

思:到了清代,一是有《康熙字典》,二是秀才多,检字用部首笔画法也可以解决了,而木格太多占地面积大的问题,就让大厂房来解决好了。

奇:小作坊到大厂房。专门有工人铸模,有工人造字,有工人检字,有工人排版,有工人印刷。分工细致一些,确实能解决了。

思:活字印刷回来了,咱中国的教育才能起飞呀!咱们聊的这些,往往都在出版史、印刷史上才讲,可是这都是语言文字的问题!说白了,如果不是齐夫定律在起作用,这汉字的活字印刷早火了。

---

① 叶再生.中国近代现代出版通史[M].北京:华文出版社,2002.

奇：对！毕昇要是在欧洲，字数这么少，说不定他就能想出用木头、铁来铸模，批量制作泥活字的方法。可惜了，可惜了！

思：所以，语言文字自身的规律还是挺重要的，影响了产业一两千年的发展。而齐夫这个人呢，还是在20世纪初才发现这定律。

奇：简直龟速！说得我想出去跑两圈了！

思：齐夫也不容易，那时候还没电脑呀！估计就是用卡片法加上点简单的计算器械之类算出来的。

奇：强人一个呀！你是说20世纪初？那计算机诞生后的半个多世纪，肯定又发现了不少语言定律吧？

思：应该说没大的质变，还是在齐夫的基础上做了一些改进。再者说，齐夫定律的这种公式，其实和统计学上的长尾分布差不多，没有体现出词汇、语法的本质特征，跟万有引力这样的公式比起来差远了。

奇：差距很大！

# 语言的数学建模

##  谓词逻辑

思:所以,语言学还没进入"硬科学"的范畴,被戏称为软科学。

奇:不过,语言学跟物理学还是不一样,有点像还没摸清楚的学问。

思:你这个感觉不错。你看,物理研究的是比较确定的对象,这对象还没有生命。生物学呢,研究的是生命体。语言学想探究高级生命体的一种社会行为、符号行为,难度就大了,貌似需要其他学科都研究清楚了,语言的奥秘才得以揭开。

奇:好像你的逻辑有问题。高级生命体的行为,也是可以研究得很好的。你看,人类的好多疾病被攻克了,人类的好多陋习被改变了,语音、文字还都有比较靠谱的符号对象,怎么就研究不出来呢?

思:在互联网时代,这文字符号多如牛毛,是应该有所突破了。互联网给我们的望远镜已经在手,缺的是高质量的语言数据仓库和新的数学方法。

奇:数据仓库,你非要整一个新说法吗?数据库不行吗?

思:数据库也可以,只是略微词不达意。互联网上的文字数据过于芜杂,就像天上的星星,有种数也数不清的感觉。在20世纪初的哈佛大学天文观测组就遇到了这个问题,负责人皮克林(Pickering)想了个办法,破天荒请来几十位妇女帮忙,根据天文光谱照片做恒星的分类工作①,不想却意外地被三位妇女发现了估算恒星之间距离和宇宙大小的新方法,以及根据光谱来分析恒星构成元素的方法,进而揭示出恒星演化的历史。可见,基础的数据采集和分析工作是相当重要的。

奇:说白了,就是规整数据呗。

思:不仅是规整数据。当我们想办法用数学的、符号的方法把研究对象描写出来时,有可能很顺利,之后便可以用数学方法寻找对象的规律。而有时会遇到很多的困难,这些困难往往成为发现和解决问题的切口。

奇:可是互联网上的文本数据,本身就是文字形式,该怎么来规整呢?

思:人们也想过不少办法,像用比自然语言更底层的媒介来描写语言,比如使用一阶谓词逻辑。这个你最拿手了呀!

奇:逻辑学,也可以算作是数学工具了。我来试试,一阶谓词的方法是用谓词(predicate)来支配参项(argument)。"我爱数学",可以写成**爱(我,数学)**。

---

① 参见 http://www.smithsonianmag.com/history/the-women-who-mapped-the-universe-and-still-couldnt-get-any-respect-9287444/.

思：嗯！很简单,对吧?

奇：以前学逻辑,都是作为数学、计算机的基础,用在语言学上还是第一次。

思：那就再多试试,看看我们能有什么发现?

奇：好的。"我不爱数学"就是→爱(我,数学)。,→表示否定。我突然想到,"我很爱数学"。这个"很"不好办哦。总不能写成**很(爱(我,数))**吧?

思：确实,"很"有点难,一下子就触礁了。"很"是一个表示程度的副词,我们是不是得加个表示程度的谓词?

奇：这样也许好点,可以解决表示程度的各种词。**程度(爱(我,数学),很)**。不过这已经把两个谓词嵌套在一起,是二阶谓词了。

思：嵌套倒不是个大问题,这里的问题在于,我们不再使用具体的副词,而把一类副词抽象成一个谓词,改变了原句中的字词。

奇：有点头疼。我又想到一句,"我喜欢数学,但不喜欢物理"。

思：这个看起来不难呀!

奇：你看啊。喜欢(我,数学)∧→喜欢(我,物理),跟"但"没什么关系。"但"明明表示转折,可是一写成谓词逻辑,就成了并且∧的关系,转折的意味没了。

思：你还真别说,"但"确实有并且的意思,"但"的转折意味要补回来的话,恐怕又要引入谓词转折,然后写成**转折(喜欢(我,数学),→喜欢(我,物理))**。同时可以表示"但是、可是、然而"等其他转折词了。

奇：这样下去,不是很多词都得转化为某类谓词?

思：你有更好的办法吗?

奇:我哪里想得出来!

思:想不出更好的,先用这个方法,看看有哪些问题。再找个例子试试。

奇:"我哪里想得出来",就这句吧。呃,我怎么写不出来了。

思:你这句可够难的,谓词都不好确定。"想"做谓词,就是**想(我,出来)**,"哪里"不好办呀!

奇:我也是卡在这。而且呢,"想"应该支配两个参项,一个是"我",一个是省略的"办法",而不应该把"出来"作为一个参项。

思:有道理。那就是**想(我,办法)**。"出来"放哪里呢?

奇:不要"出来",也不管"哪里"。直接处理为 →**想(我,办法)**,意思又变成"我不想办法"。

思:这句话如果转化为"我想不出来办法"呢?

奇:哎——想得出来,想不出来,似乎是在说一种可能性。按你前面的做法,干脆增加一个谓词"可能",然后"想"换成"想出",写成 →**可能(想出(我,办法))**。意思就是"我不可能想出办法",你看怎么样?

思:行啊你! 这样处理还真有两下子。"哪里"在汉语里也确实有否定的意味。但是你做的"可能"这个谓词,真的很棒! 如果说"想得出来",正好就是"可能想出来"的意思。可能是我学汉语语法学中毒了。过去在语法里面讲这种现象,一般只说是动补结构,而对"可能"的意思重视不足。补充句子中省略的成分,也是个不错的思路。

奇:那是说我很棒咯?!

思:别骄傲啊! 我只是说,谓词逻辑表达式用来描写句子,会揭示出许多问题,可能会有许多新的发现。一阶谓词也好,高阶谓词也罢,这是个不错的路子。

奇:那是说我们在正确的道路上了吗?

思:我可不敢这么讲。不过,好像也没什么错。如果我们能用谓词逻辑把汉语的句子分析个几万句,几十万句,也许能发现很多以前没有发现的问题,还能用谓词把句子的意义表示得比较清楚。

奇:我明白你的比喻了。你是想学哈佛大学的那些女天文标注者吧。在标注句子的过程中,看看能不能有新发现,即使发现不了,也建成了一个很大的语言仓库了。

思:果然是我心爱的狗。我甚至想叫它"语言宝库"。宝库里面没什么芜杂的数据,都是细心分类的、加工过的精华。

奇:我还是怀疑你这么做下去的价值,几十万句,恐怕要标注很多年,相对于互联网上的数据不过沧海一粟。

思:能一粟也不错了。哈佛大学当年标注的恒星也不过几十万颗,相对于浩瀚宇宙,何尝不是沧海一粟。我们就当是做个抽样,在整体几乎为无限的对象上抽取几万、几十万个样本来看看。在统计学上说,这已经是比较大的样本了,有代表性。

奇:我还是怀疑你的做法。我要整理一下思路。语言有语音和文字两种载体,而你说的好像只注重文字载体的部分——句子和篇章。语音的不要了吗?语言的其他要素都不管了吗?

思:我可没这么说。你看啊,语言的精妙之处到底在哪儿?是在于人能发出各种不同的声音,是能绘制各种美丽的图画,还是表达意义的丰富手段?

奇:啊——应该是表达意义的手段。这样就清楚些了,你就是想把句子篇章的表达意义的结构整理明白。

# 比 喻

思：正是我意。句子中有省略、隐晦的表意手法，当然还有比喻、借代等修辞手法。我们接着来谈修辞如何？

奇：之前不是聊过比喻了？说是要建立一个"事物—认知属性"的数据库。这会儿还要整比喻啊？

思：如果谓词逻辑没办法处理比喻和借代，不是麻烦了？

奇：懂了，我想一个。说你笨吧，哈哈，"你是头猪"。**是(你，猪)**。

思：这例子简洁明了。谓词"是"把"我"和"猪"联系起来了。可这谓词逻辑没能描写出比喻的意味呀！

奇：意义得靠补充。你心里有猪的若干属性，然后和自己匹配一下哈！

思：跑题咯。这样子，谓词逻辑岂不是完了？没法写呀！

奇：没事！还有 lambda 算子($\lambda$)没用上呢。

思：你等等，你想啊，"荷兰猪是猪"、"某人是猪"、"满车是猪"、"爱睡觉的是猪"，句式都差不多，为什么只有第二句是比喻呢？

奇：我有点眼花了。是不是"人"和"猪"有区别？"荷兰猪"是整体地纳入"猪"了。说人是猪的时候，就是个匹配的过程，猪的属性都强加给人了，猪的特点也就成为说话人心目中的要素了。

思：我来写写看，人作为 $Entity_1$，猪作为 $Entity_2$，这个句子就是把 $Entity_2$ 的最显著的属性送给 $Entity_1$。$Entity_1$ 换成荷兰猪，也说得通。

$$\text{Target}(\text{Entity}_1, \text{Entity}_2) = \text{argmaxProperty}_i \text{ Salience}(\text{Entity}_2, \text{Property}_i)$$

奇：好吧。"满车是猪"，"爱睡觉的是猪"，怎么办？

思：补充一下，"满车的(东西)是猪"，"爱睡觉的(东西)是猪"。然后再套用这个公式。

奇：亏你想得出来。

思：当然，这个不够用，因为在不同的语境下，"猪"可能比喻笨，也可能比喻懒！还得加个语境函数，改为：

$$\text{Target}(\text{Entity}_1, \text{Entity}_2) = \text{argmaxProperty}_i \text{ Salience}(\text{Entity}_2, \text{Property}_i) * \text{ContextGain}(\text{Property}_i)$$

奇：看来谓词逻辑搞不定比喻义。谓词逻辑似乎只能对付一下字面意义。

##  借代(转喻)

思：和我的感觉一样，修辞手法是一个带有运算的过程。那借代呢？你猜猜行吗？借代的句子，比如"红领巾拾金不昧"。

奇：这例子够典型。"红领巾"借代少先队员嘛。我说得对吧？

思：不错！那你用谓词逻辑写写？

奇：你又为难我，这怎么写嘛！拾金不昧(红领巾)。我只能写到这个份上了。

思：由喻体红领巾怎么能得到本体少先队员呢？是靠逻辑表达式，还是像比喻一样靠运算？

奇：这个有点运算的意思。但比喻那个，你总有个认知属性数据库作为基础，这借代靠什么运算？

思：网络时代了嘛！当然靠互联网给我们提供的大数据！

奇：互联网数据能有什么用？

思：好吧。先看看语言学家的观点。对于借代，国外一般称为metonymy，学术圈翻译为转喻。转喻的称呼更好点，这样我们可以更好地称呼转喻的本体和喻体。在上面的例子中，"红领巾"是喻体，"少先队员"是本体。国外对于转喻的机制有两种看法，你能猜猜吗？

奇：又让我猜。用你说的"转喻"，好像是方便一些。喻体能够取代本体，应该是两者之间有着比较紧密的联系。我喜欢吃麦当劳的汉堡，可我好像只说"喜欢吃麦当劳"。"麦当劳"和"汉堡"之间的关联度也很高。

思：真聪明！有一派语言学家也是这么认为的，本体和喻体之间高度相关，才是转喻得以实现的基础①。他们还把本体和喻体之间的关系分成了许多类型，比如"部分—整体"的"红领巾—少先队员"、"品牌—产品"的"麦当劳—汉堡"、"具体—抽象"的"烽烟—战争"等。

奇：哇，这样分类分下去的话，岂不是有很多？

思：是的，我的感觉只是相关性在起作用，并不需要这么来分类。

奇：对呀，好像分类只是为了易讲解一些。你说还有另外一派

---

① G. Radden and Z. KövEcsEs, Towards a Theory of Metonymy[J]. In Panther K. U., Radden G. (eds.) Metonymy in Language and Thought, John Benjamins Publishing Company, 1999:17 - 60.

语言学家是怎么说的呢？我挺好奇。

思：另外一派的观点认为是上下文的特定词语激活了转喻①。比如，"弹贝多芬"这个例子，我们知道这句话是"弹贝多芬作的曲子"的意思，是"创作者—作品"的关系。按刚才的观点，"贝多芬"和他的曲子的相关性很高，就可以进行转喻了。但这一派语言学家认为不是这样。因为在"崇拜贝多芬""贝多芬（一种病毒）感染了很多电脑"里面，"贝多芬"分别指人和病毒，不会是曲子的意思。

奇：有道理。和刚才的比喻很相似，"猪"到底什么特点，要在语境里实现。这一派强调的是转喻实现的机制。两派的说法并不冲突。相关性是转喻实现的基础，语境激活是转喻实现的动因。

思：总结得真棒！那我们能不能用实验来验证一下呢？

奇：这怎么验证，莫非要用脑电波、核磁共振？

思：当然可以，也有人尝试过。从计算机的角度出发，看看能不能让计算机来实现转喻的自动理解，看看能不能根据"红领巾"找到少先队员。

奇：好！怎么做？

思：我看还是用互联网来帮忙。要分几个步骤。你看我们需要哪些知识来完成这个任务？

奇：要本体、喻体之间的相关度，要激活词语，哇，这两个都不好搞定哎！

思：别怕。你看词语之间的相关度呢，可以由聚类的方法得到。

奇：聚类是什么方法？是把相似的东西聚在一起吗？那不是相

---

① Langacker. R. W. Active Zones [C]// Proc. of the 10th Annual Meeting of the Berkeley Linguistic Society, 1984:172-188.

似性,而非相关性了吗?

思:关键看怎么个聚法。国外有一个聚类引擎 Yippy(yippy.com),跟百度不同的是,它想提供给用户和检索词相关的多样化结果。比如检索"Beethoven"(贝多芬),不仅可以得到有关 Beethoven 的结果,检索页的左侧还提供了一个相关词列表,如贝多芬的全名 Ludwig van Beethoven、symphony(交响乐)、classical music(古典乐)、music(音乐)、opera(歌剧)等等。这些词是不是和贝多芬很相关呀?

奇:哇!这引擎比百度好玩。它是什么原理?支持汉语吗?

思:原理也不复杂,把检索"Beethoven"得到的网页进行二次处理。假设有1 000个网页,Yippy 就把这1 000个网页中的高频词语提取出来,而且去掉那些在任何文档中都会出现的词语,如 is、a、the 等等。当然,还有一些细节上的处理。最终得出和检索词相关的词语列表。Yippy 对中文支持得不好,它只使用了很少的中文数据。国内以前有一个很好的聚类引擎,叫宝宝猫(bbmao.com)。我曾试过,搜索"贝多芬"可以得到"交响乐、音乐家、古典乐"等相关词。可惜,正如你没听说过 Yippy 一样,宝宝猫几年前就倒闭了。这些聚类搜索引擎,在网页检索的量上远远比不上谷歌、必应和百度。用户更关心的是检索的结果,并不太关心这些相关词。

奇:哎呀!好惨喏!

思:我可喜欢这聚类引擎了,好像是为我量身定做的。但是过于小众,不死也难呀!我们还是专注于转喻的问题吧。你看,有了这些相关词,是不是已经得到了转喻的本体了呢?

奇:是的呀!根据这些词,很容易得出,"弹贝多芬"就是"弹贝多芬的古典乐"。

思：这一步也不大容易。"崇拜贝多芬"是崇拜这个人。与"贝多芬"相关的词还不少，要看语境里面的词激活哪些相关词。

奇：是的。那语境里什么词能激活它呢？

思：要看这个语境多大，如果局限在一个句子里面，往往是支配这个名词的动词，或者修饰这个名词的形容词。

奇："弹"和"崇拜"来激活！

思：弹的是什么东西呢？什么东西能弹？

奇：弹的是乐器，弹的是乐曲呗！

思：这个重要！"弹的是乐器和乐曲"，这也是一种知识。在语言学中被称为"语义选择限制"①。

奇："语义选择限制"，这个说法有点意思。是动词对于支配的名词的语义选择性吧？"啃"的主语是动物，宾语是硬的东西。

思：聪明！语义选择限制，就是这个意思。我们接着看，"弹"加上"乐曲"，再从相关词里面寻找和"乐曲"最相似的词语，是不是就可以算出转喻的本体了呢？

奇：对呀！和"乐曲"相似的是"古典乐""交响乐"之类的词语。看来选择限制对于转喻的激活作用很明显。"崇拜贝多芬"里面，"崇拜"的宾语是"人"或"图腾"，那么就可以找到"音乐家"作为转喻的本体了。看来管用！

思：可惜宝宝猫倒闭了，要不我们还可以测试更多的例子②。现在只能在英文上做简单的测试。我们可以把现在的这个方法写

---

① Katz, J. & Fodor. J. The Structure of a Semantic Theory [J]. Language, 1963, 39: 170-210.

② 有兴趣的读者可以参考: 李斌. 动宾搭配的语义分析和计算 [M]. 北京: 世界图书出版公司, 2011.

成一个公式看看,和比喻的公式做个比较。

奇:好的,我来写。要根据名词"贝多芬"和动词"弹"得到本体"乐曲",需要根据动词对宾语的选择限制,我们给个函数叫 $SR(p, c_i)$,$p$ 是动词,$c_i$ 是选择限制的内容,这个函数的值表示选择限制的强度。然后是名词"贝多芬"的相关词,我们也设置一个函数 $WR(vc, n_j)$,$vc$ 表示名词,$n_j$ 表示相关词,函数的数值表示相关度。最后就是求 $c_i$ 和 $n_j$ 的相似性,再来一个函数 $Sim(c_i, n_j)$,取值表示相似度的大小。

$$Target(p,vc) = argmax_{n_j} SR(p,c_i) * WR(vc,n_j) * Sim(c_i,n_j)$$

这三个函数连乘,取最大值,就可以得出转喻的本体。

思:写得不错!和比喻的公式差别还是蛮大,比喻里面只用了词语的相关属性,而转喻里面用了三个东西,选择限制、词语相关度、词语相似度。

##  语义选择限制

奇:不过,词语相关度可以用聚类引擎来得到,选择限制和词语相似度怎么计算呢?

思:这两个现在都可以计算,但是说起来还真有些复杂。就说说简单的原理吧。选择限制,需要在大量的语料上统计出动词对主语、宾语的限制类型。

奇:这又得花费多少人力呀!

思:互联网时代,让机器来帮忙嘛。比如,用自动的句子分析器,把句子的主谓宾都分析好。分析百万以上的句子,就能得出很多的选择限制数据。当然,这样做,只能得出具体的词,比如"吃"的宾语是各种各样的食物,而"食物"这个抽象的词频率反而比较低。

奇:还真有自动的办法。要是想把各种食物都合并到"食物"这样一个标签下面,可以吗?

思:这个也可以,要用到词语相似度或者聚类的方法。对于相近的词语,只用最具代表性或最高频的词来做这一类词语的标签。

奇:这样做下来,每个动词的选择限制都清楚了。说不定还有其他用途呢!

思:别急,不同的动词的选择限制差异还是挺大的。比方说,"眨"这个动词,只能是"眼睛",别的词儿都不能用。而"是、打、做、弄、想、说"的宾语,几乎任何词都可以。

奇:还有这个差别?有的动词选择限制很强,有的限制性很差。限制性强的动词还有用,限制性差了,对转喻来说没什么价值了。

思:所以,我们刚才的方案是有一定缺陷的。语境里能激活转喻的词语恐怕不止是一个动词,其他的词,包括心理暗示,都对激活有一些作用。整体的公式不变,需要扩大选择限制的对象。

##  比喻和转喻的图示

奇:公式是理科生喜欢的,我们能不能画个图来看看呢?(说着,拿出彩笔在纸上刷刷刷画起来。)

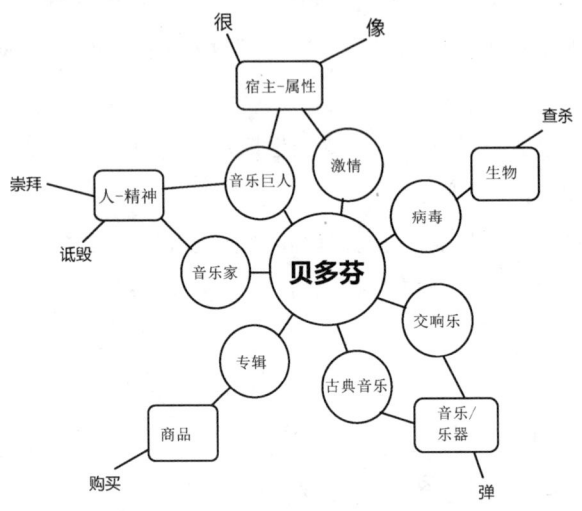

图 4-1 "贝多芬"的语义选择限制

思:这么画,有点意思。贝多芬周围第一圈有许多属性和相关词,往外面一圈是比较抽象的标签,再外面是各种动词。

奇:看明白了吗?我按照大脑神经元的连接方式,画了个简图。词语概念之间都是连接着的,不是所有的词都直接连接,而是有关系的词才会被连接起来。在人们理解转喻"弹贝多芬"时,"贝多芬"这个概念,可以激活它相关的概念,而"弹"可以激"活音乐/乐器",进而和贝多芬所激活的"古典音乐""交响乐"发生关联,完成这个转喻的理解。

思:厉害!"购买贝多芬""崇拜贝多芬""查杀贝多芬"也都可以这样来解释。那你在上面画的"像贝多芬""很贝多芬"又是怎么运作的呢?

奇:我画着画着,觉得比喻也可以被纳入进来。如果一个人拥有贝多芬的特点和气质,我们往往说这个人"像贝多芬""很贝多芬"。

思:有道理!如果反之呢?生成转喻和比喻的过程又是怎样的呢?

奇:"贝多芬"在说话人心目中已经是"贝多芬的曲子"了,所以自然可以用"弹"来代替。

思:你说贝多芬和他自己的耳朵关系大不大?

奇:也挺大,大家都知道他后来失聪了。

思:那我能说"拉一下贝多芬"就是"拉一下贝多芬的耳朵"的意思吗?

奇:这肯定不行。"拉"的宾语多种多样,可以拉曲子,也可以拉货。但在说话人和听话人心里,恐怕还是拉曲子的意思更占优吧。

思:凑合能接受。那这样,我们似乎解决了比喻和转喻的生成理解机制。

奇:希望是这样。

思:不过,我觉得还有点问题。在比喻中,说某人像贝多芬的时候,只凸显了某方面的特征,我用下面的图来表示。

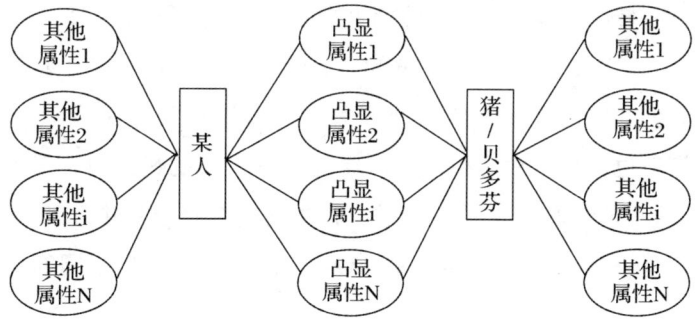

图 4-2 比喻的诗体、喻体和属性关系图

　　在生成比喻句的过程中,说话人不是随意用某个喻体来打比方,而是由凸显特征所能激活的概念来做喻体。在汉语里,懒和笨的代表动物有猪,也有熊、驴等等。关联度最高的恐怕还是"猪",所以在中国人的脑子里,会用"猪"来做喻体。如果在其他的文化里,关联度高的也许就不是猪了,自然会用其他的事物来做喻体。

　　奇:嗯。如此说来,借助互联网做语言仓库真的很重要,可以解决多种语言的比喻、转喻问题。

　　思:对!这还是冰山一角,还有许多事要做。

　　奇:还有什么?

　　思:比如说,转喻不止我们说的这些,"把菜端上来"这句话里面,端的是菜吗?

　　奇:是的,端的是盘子,为什么我们只说菜呢?

　　思:再比如,"小明去上学了"。小明穿着衣服,背着书包,我们却不管他的衣服和书包。

　　奇:对的。我想到其他的了。买的茶叶有包装,买的烟也有纸盒,似乎人们只说一个事物重要的部分,忽略次要的。你的意思是不是说,转喻可能是人们天然的思维方式?

　　思:不是我说的,国外的认知语言学派基本上就是这个观点[①]。不只是转喻,还有比喻。"工业革命""改革大潮"里面的"革命"和"大潮",也都是比喻的用法了。你甚至找不到更好的词来替代它们。从心理学来观察,人们能够将视觉信息有效分割并命名,真是件厉害的事情。现在的人工智能界,从图像中分离出不同的物体

---

[①] Lakoff, G. & M. Johnson. Metaphors We Live by [M]. Chicago: University of Chicago Press, 2003.

时就遇到很多困难。

奇：视觉信息的分割能力，动物也有吧，要不我怎么啃骨头？

思：人们的分割能力确实了得。不止是分割一个个的物体，器官也可以分割。你看，眼睛、眉毛长得这么近，也被分别命名了，好像是独立的物体一样。

奇：这个厉害了。爪子、蹄子、脚趾，嗨，都给分割了，还起了名字！

思：在不同的语言里，还会出现分割不同的情况。比如对于"手"这个词所指涉的对象，汉语里是手腕到各个手指。有些语言中则包含了一部分胳膊。

奇：对，这手的部件的分割线还真不好定。

思：最有名的是心理学家对颜色词的分析，有的语言颜色词多，有的语言颜色词很少。

奇：你又欺负我，我不认识颜色，呜呜！只有黑白！你说的很有意思，边界不明的分割，在不同的语言里，就会出现各种不同的分割方法。

思：从大脑神经的角度考虑，这些好像都是注意力的问题。注意力也就是分割的能力。把视觉对象的某些部分作为关注的点，就可能催生出一个新的心理实体，并予以命名。命名的机制，可能使用这个对象的典型特征。不只是给新生事物命名时是如此，称呼动态的事物似乎也是这样，关键看激活了大脑中的哪些概念或特征。

奇：我试试哦。动态的好解释，买酒买肉，都不谈包装。新生事物怎么说呢？

思：普通的萝卜有白萝卜、绿萝卜，像水果的被叫作"水果萝

卜",兔子爱吃的"胡萝卜",是从西域胡人那里传来的萝卜,就叫"胡萝卜"。还有更好玩的,就是天上的星辰,不同的民族对星空的划分,也是如此。看夜空中的一些星星连起来像什么动物或事物,就命名了。结果嘞,几乎一个民族就有一种不同的星座体系。

奇:哇,好玩,我一直没想明白的就是为什么外国人把北斗七星纳入小熊座。这下通了!不过,这样一来,语言的问题就可以通过心理学来研究啦!

语言信息处理

# 语言信息处理

##  文字编码原理

思:生物心理学确实厉害,也有心理语言学,或称神经语言学,都在仔细地探讨语言的奥秘。这个我们前面也讨论过。在互联网的大数据时代,在人工智能蓬勃发展的今天,还要考虑语言智能的计算模型,用计算机模拟出语言智能,比单纯的神经科学揭开语言奥秘更有趣,不是吗?

奇:好比解剖学和机器人的关系?

思:这个比喻用得好。解剖学已经发展得很好啦,可人形机器人的研制还有很长的路要走。

奇:我首先期待的是机器狗,做我的好伙伴!

思:这也是我的期待!机器狗也好,机器人也好,距离我们还相当遥远。动作的模拟相对容易一些,语言智能的研究则需要更多人投入其中。用计算机去制造语言智能,是图灵提出来的设想,在半个多世纪的努力过程中,人们已经攻克了相当多的难题,但距离真正的智能还有很大差距。

奇:都攻克了哪些难题呢?我倒是比较好奇。

思:用计算机处理语言文字,第一道槛当然就是如何把语音和文字输入计算机。第二道槛是词语的自动分析,然后是句子的分析,目前攻关的是第四道槛——语义的分析,第五道槛是智能会话。

奇:我还以为人们一直在考虑第五道槛呢,原来前面还有四道。

思:应该说至少四道,因为我们不知道智能到底是什么。先看第一道,计算机表示文字就经历了几十年的研究。

奇:这怎么可能?我看你们天天都在电脑、手机上打字,挺快的呀!哪里会花多少时间?!

思:比较快速的打字,也就这十几年的事情。之前想把汉字打快点,可困难了。甚至早期把字输入电脑都非常困难。

奇:难以置信!

思:这么说吧,早期的计算机是做什么用的?

奇:计算机,当然是做计算啊!

思:什么类型的计算?

奇:1+1=2这样的呗!加减乘除、开方、平方什么的。

思:说白了,数值计算。计算机依靠的是以二进制为基础的数值运算,直到今天,计算机的程序、数据还都是以二进制为基础的。

奇:都是二进制?什么是二进制?

思:二进制,就是1+1=10,不写2。跟十进制相似,逢二进一嘛!

奇:那2+3,就要写成10+11=101?

思:对的,很聪明!看到了吧,所有的数据都得转换为二进制,计算机才能运算。

奇:为什么不能用其他进制?

思:二进制就是两种状态,对计算机使用的电子元件来说,要么开,要么关,就两种状态,设计电路时容易控制。状态多了,电路不好设计。也有人研究多进制,但比较复杂,难以达到工业化的实用水平。

奇:好吧,神奇的二进制。逢二进一,确实简便。那么语言文字,一个是语音形式,一个是文字形式,输入计算机还真有点头疼。

思:语音形式比较常见,基本的思路是用数字记录下麦克风采集到的声波的波形。每秒钟采样几千、几万次,记录波形的每个点的高度。一秒钟的语音文件就是几千、几万个数值的累加。手机、电脑上听到的歌曲,都是这个原理记录的。

奇:哦,语音其实就是声音嘛,和声音文件是一样的。

思:对的。文字就麻烦了,文字不同于语音、照片或视频,不好采样,一个字就是一个字。好在计算机出现以前,就有了电报。发电报和计算机的原理相似,都是以二进制为基础。

奇:电报就是电影里面嘀嘀嘀的那种吧,声音是由很有节奏感的敲击发出来的。

思:对!电报的原理就是短为1,长为0。发的电报就是一串二进制数字。

奇:二进制串?至少也发点文字吧。

思:在电报发展的早期,人们也想过各种办法传文字,不用二进制也行。你看英文有26个字母,那就设置26根电线,哪根通电表示哪个字母。你觉得怎么样?

奇:这……加上数字什么的,不得好多好多根电线呀!那电线加起来得多粗?

思:所以人们后来想到一个办法,用二进制。电路无非是通或者断,只有两种状态不够用,怎么能变出花样?考虑到每个信号直接要用断来表示间隔,只好在通的状态下区分出长按和短按。这和现在的手机操作很相似,长短之别。

奇：有点意思。有了长短这两种状态后，就可以变成二进制了？

思：别急，以英语来说，有 26 个字母，这些字母如何表示为二进制呢？

奇：啊——可以这样，26 个字母，就相当于从 1 数到 26 嘛！直接表示为二进制不就好啦？A 就是 1，B 是 10，C 是 11，D 是 100，到 Z 是 26，二进制是……11 010。

思：哇！真聪明！

奇：还用你夸？

思：设计得确实不错，下面我们跟著名的莫尔斯（Morse）电码对照对照。

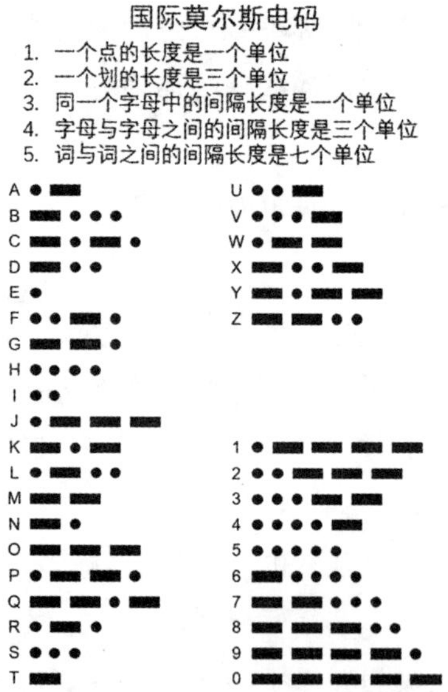

**国际莫尔斯电码**

1. 一个点的长度是一个单位
2. 一个划的长度是三个单位
3. 同一个字母中的间隔长度是一个单位
4. 字母与字母之间的间隔长度是三个单位
5. 词与词之间的间隔长度是七个单位

图 5-1　国际莫尔斯电码[①]

---

① 翻译自 "International Morse code Recommendation ITU-R M. 1677-1". International Telecommunication Union, October 2009. Retrieved 23 December 2011.

奇：好！哎呀！跟我的不大一样。他还增加了数字。而且 A 用了 10，不是 1 哦。E 是 1，T 是 0。

思：你观察得不错！不过基本思路差不多！每个字符使用的编码长度介于 1—5 个单位，和你的方案是一致的。

奇：对，最长的是 5 个。

思：所以，你做得挺好！莫尔斯还考虑了一下每个字符的使用频度，越常用的越短，可惜数字是后来补充的，所以 0—9 都是 5 位编码。

奇：嗯，这和前面你说的霍夫曼（Huffman）编码有点相似，越常用的越短。

思：没错，霍夫曼编码算法实际上就是专门用来给出最优编码方案的，贡献很大。用霍夫曼编码来看莫尔斯电码的话，其实还可以更优化一些，只是莫尔斯方案用得早，人们已经约定俗成了。我们现在看到了，电报时代表音文字已经可以转换为二进制了。所以在计算机诞生之后，这套转换的思想也就自然而然地延续下来。20 世纪 60 年代，美国标准化委员会就出台了 ASCII 编码，专门用来规范电脑中的字符表示。

奇：ASCII 字符代码比莫尔斯电码多了很多符号，区分了大小写，还有一些特殊符号，但好像没有使用霍夫曼的算法。

思：这倒未必使用霍夫曼编码。使用霍夫曼编码，会使得每个字符的编码长度不同。ASCII 则追求每个字符是 7 个二进制位，相同的长度便于存储和处理。

奇：哦，那咱们汉字都怎么排列呢？7 个二进制位，一共只有 2 的 7 次方，也就是 128 个位置，全都用完了呀。汉字排哪里？排在后面？

表5-1 ASCII字符集代码表[1]

| 低四位\高四位 | 0000 | | | 0001 | | | 0010 | | 0011 | | 0100 | | 0101 | | 0110 | | 0111 | |
|---|---|---|---|---|---|---|---|---|---|---|---|---|---|---|---|---|---|---|
| | 0 | | | 1 | | | 2 | 3 | | 4 | | 5 | | 6 | | 7 | |
| | 十进制 | 代码 | 字符 | 字符解释 | 十进制 | 代码 | 字符 | 字符解释 | 十进制 | 字符 | 十进制 | 字符 | 十进制 | 字符 | 十进制 | 字符 | 十进制 | 字符 |
| 0000  0 | 0 | NUL | BLANK NULL | 空 | 16 | DLE | ▲ | 数据链路转义 | 32 |  空格  | 48 | 0 | 64 | @ | 80 | P | 96 | ` | 112 | p |
| 0001  1 | 1 | SOH | ☺ | 头标开始 | 17 | DC1 | ▼ | 设备控制1 | 33 | ! | 49 | 1 | 65 | A | 81 | Q | 97 | a | 113 | q |
| 0010  2 | 2 | STX | ☻ | 正文开始 | 18 | DC2 | ↨ | 设备控制2 | 34 | " | 50 | 2 | 66 | B | 82 | R | 98 | b | 114 | r |
| 0011  3 | 3 | EXT | ♥ | 正文结束 | 19 | DC3 | ‼ | 设备控制3 | 35 | # | 51 | 3 | 67 | C | 83 | S | 99 | c | 115 | s |
| 0100  4 | 4 | EOT | ♦ | 传输结束 | 20 | DC4 | ¶ | 设备控制4 | 36 | $ | 52 | 4 | 68 | D | 84 | T | 100 | d | 116 | t |
| 0101  5 | 5 | ENQ | ♣ | 查询 | 21 | NAK | § | 反确认 | 37 | % | 53 | 5 | 69 | E | 85 | U | 101 | e | 117 | u |
| 0110  6 | 6 | ACK | ♠ | 确认 | 22 | SYN | ─ | 同步空闲 | 38 | & | 54 | 6 | 70 | F | 86 | V | 102 | f | 118 | v |
| 0111  7 | 7 | BEL | • | 震铃 | 23 | ETB | ↕ | 传输块结束 | 39 | ' | 55 | 7 | 71 | G | 87 | W | 103 | g | 119 | w |
| 1000  8 | 8 | BS | ◘ | 退格 | 24 | CAN | ↑ | 取消 | 40 | ( | 56 | 8 | 72 | H | 88 | X | 104 | h | 120 | x |
| 1001  9 | 9 | TAB | ○ | 水平制表符 | 25 | EM | ↓ | 媒体结束 | 41 | ) | 57 | 9 | 73 | I | 89 | Y | 105 | i | 121 | y |
| 1010  A | 10 | LF | ◙ | 换行/新行 | 26 | SUB | → | 替换 | 42 | * | 58 | : | 74 | J | 90 | Z | 106 | j | 122 | z |
| 1011  B | 11 | VT | ♂ | 竖直制表符 | 27 | ESC | ← | 转义 | 43 | + | 59 | ; | 75 | K | 91 | [ | 107 | k | 123 | { |
| 1100  C | 12 | FF | ♀ | 换页/新页 | 28 | FS | ∟ | 文件分隔符 | 44 | , | 60 | < | 76 | L | 92 | \ | 108 | l | 124 | \| |
| 1101  D | 13 | CR | ♪ | 回车 | 29 | GS | ↔ | 组分隔符 | 45 | - | 61 | = | 77 | M | 93 | ] | 109 | m | 125 | } |
| 1110  E | 14 | SO | ♫ | 移出 | 30 | RS | ▲ | 记录分隔符 | 46 | . | 62 | > | 78 | N | 94 | ^ | 110 | n | 126 | ~ |
| 1111  F | 15 | SI | ☼ | 移入 | 31 | US | ▼ | 单元分隔符 | 47 | / | 63 | ? | 79 | O | 95 | _ | 111 | o | 127 | △ |

① 该表整理自 https://en.wikipedia.org/wiki/ASCII。

思:你说得很好!早期人们非常头疼这个事情,汉字只能用拼音代替,后来觉得不是大问题,改!不过由于历史原因,这事儿一直拖到改革开放后,而且不像英文,咱们到底有多少个汉字都不是很清楚。

奇:啊,对!汉字真麻烦!俄文、法文都可以按英文的方法来处理,汉字数量多,前面也聊过,那可是十万级别,该怎么二进制化呢?嗯!我想到了,还是老办法,从一到十万,一个个排起来不就好啦?

思:聪明!后来也确实按这个思路来做的。只是还有个问题很头疼。如果每种文字都从一开始编码,那得多少种不同的编码方案呀!

奇:一种语言一种编码?哇,那要万"码"奔腾了!

思:你说的是真的,直到今天还是万"码"奔腾的时代,拿到一个文本文件,计算机得先知道它保存的是哪种文字,然后再按那种文字来解码。

奇:太麻烦了。如果一个文本里面有中文、日文、英文混排,岂不是看不了了?

思:是的,最后呢,国际标准化委员会(ISO)编制了一套统一码(Unicode)[①],给世界上所有的文字编码,每种文字都有独立分块的空间来存储。比如英文占了前128个,其他语言依次往后面排。为了空间够用,直接使用了2的32次方的巨大空间,换算成十进制就是42.9亿个字符,足足的。

奇:汉字得留在最后吧。汉字量大、罕用字、异体字还没认

---

① http://unicode.org.

全吧?

思:是的,汉字就这么排在靠后的位置,占据了统一码现在用到的大多数空间,已经收录了7万多个汉字。

奇:那就接着收吧。

思:到了统一码,各种文字输入电脑的问题,才基本解决。至于电脑显示文字的问题,我们暂时不谈,因为紧接着的问题是人们该如何把文字录入电脑里面。

奇:当然是用输入法呀!

##  汉字输入之难

思:你看,人家英文还要输入法吗?键盘就在那,要哪个字符直接敲就好。要练的是指法,跟弹钢琴差不多吧?

奇:是呀!怎么只设计英文的键盘,不设计中文的。而且,我觉得英文键盘也很怪异,不按照A、B、C、D依次排列,学指法多难呀!

思:先说英文键盘。英文键盘也不是电脑时代的产物,而是19世纪三四十年代的产物,英文的机械式打字机,敲击一个键,就在纸上打出一个字母。

奇:所以英文键盘就这样被设计出来了?好像也大致按照了频率高低来排位。

思:是的,还考虑了元音、辅音、双手配合等问题。

奇:英文字母少,汉字可怎么设计键盘?哈!有了!用汉语拼音嘛!现在大家都喜欢用汉语拼音输入。

图 5-2　上海长空牌英文打字机

思:说得好！汉语拼音！可是汉语拼音也有一段坎坷的历史！这么说吧,在汉语拼音诞生以前,你觉得怎么做一台中文的机械打字机?

奇:这不可能！除非把成千上万的汉字都排在键盘上！

思:很不幸,你说的事情发生了。给你看看这个超大的中文打字机。20 世纪初,咱们中国人费了好多心血在大字盘打字机上面。

图 5-3　汉字大键盘打字机[1]

---

[1] http://www.997788.com/28696/search_463_12846261.html.

奇:我的天呐!这太费劲了,字密密麻麻的,想找一个字都得半天,太难了,我用不了。

思:那还有什么招儿?

奇:我听说过五笔字型,根据汉字部件拆分做的,是不是可以呢?

思:说到这个,我就顶顶佩服一个人。

奇:谁?

思:大名鼎鼎的林语堂。我们只知道他是个文学家,英文很好,著有《京华烟云》。可是他为中文做的最大贡献,我觉得还是他发明的"明快打字机"。这可是用小键盘就能打出七八千汉字的打字机。他研究了整整三十年,将上万汉字做了部件的拆解组合研究,直到1950年才造出一台,还申请了美国专利,后来因为制造工艺复杂,林语堂又身在美国,没有能够工业化生产。这唯一的一台至今还保存在台湾的林语堂故居里。

图5-4 林语堂发明的"明快打字机"①

---

① http://hb.people.com.cn/n/2014/0724/c192237-21770949.html.

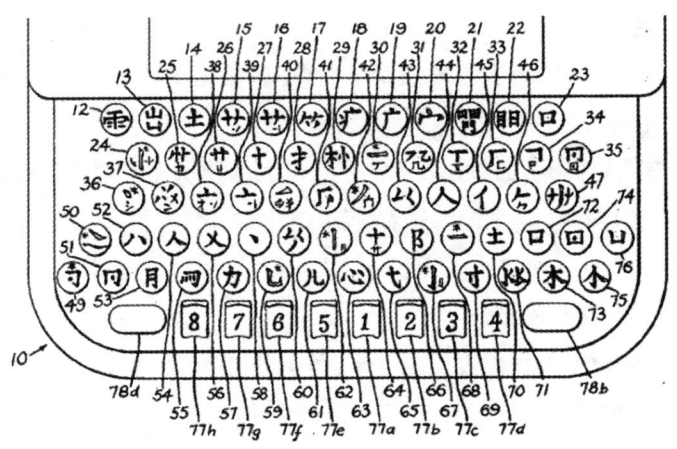

图 5-5 明快打字机的键位说明①

奇：哇！这老先生真是有毅力。看他设计的键符，和五笔字型很像，全是汉字部件。

思：当然了，这方面他可是鼻祖，后来的部件输入法都受了他的影响。不过呢，部件拆分的方法，人们的学习成本还是太高，不如后来的汉语拼音方便。

奇：是的，拼音好，一下子就记住了，脑子中思考问题的时候，好像只有语音而不是字形，打拼音更自然。

##  汉语拼音的形成与发展

思：那就得聊聊咱们的汉语拼音了。从输入法来看，这件事情

---

① 该图引自林语堂的美国专利书 Yutang Lin. Chinese Typewriter, No. 2613795. US Patent. Oct. 14, 1952。

蛮重要。

奇:汉语拼音,看起来很简单啊,不就是用26个拉丁字母来拼读汉字的发音吗?

思:就像印度的数字0解决了数学大问题一样。越简洁的解决方案,道路往往越曲折。你看,咱们中国古代,压根儿没有拼音这东西。

奇:什么! 没有?!

思:不信,你去翻古代的字典、词典,只有释义,而无注音哦。

奇:那古代的读书人,怎么念这些字呢?

思:口耳相传为主。当然了,唐宋以后,有了韵书好一些。韵书里面会有200个左右的韵,每个韵有一个代表字,如ōng用"东"字表示。这样好歹能读个大概。

奇:可是,中国古代幅员辽阔,各地方言差异这么大,读出来不是差异很大吗?!

思:是呀! 这还得归功于秦始皇时期的"书同文"政策,消灭了其他六国的文字,结果是全国的文字基本统一了,读音麻烦了,有官方通用语"雅言"和各地方言。当时的通用语,可不像今天的普通话这么普及,用各地方言读汉字,直到今天也是常态。

奇:哦! 就像粤语歌曲一样,相同的汉字,不同的发音。

思:你这又引得我要岔开话题。粤语可是更接近老祖宗的语言。历史上,宋人南迁、明人南迁,一次次南迁。原本黄河流域的人很多去了南方,语言也被带去了,而北方的语言不断地和北方游牧民族混合变异,所以中国的语言整体上呈现为南方老、北方新的格局①。

奇：中国的语言真的蕴含很多学问的。能不能把中国的各种方言都做进语言宝库呢？这样子也就方便对比，以确定年代、亲属关系等。

思：这个想法很好。又是一项值得做的大工程！把方言的字音、词汇、句子都收集起来，应该可以做出很多有价值的研究成果。现在回到拼音的问题。这拼音的创制还是得懂拼音的人来做，对吧？

奇：有点绕。拼音发明前，谁懂拼音呢？我想想，应该是习惯了拼音文字的人。莫非是中国人学习了英语之类的语言？

思：反了。拼音是外国人学中文的时候的发明。他们来到中国学中国话，当然要解决发音的问题，每个字词的读音，要记住吧？

奇：是的，跟着中国人学说话，肯定要记住发音的。但为什么会造出拼音呢？

思：你看中国人初学英语的时候，最喜欢干一件事，就是用汉字给英语标音。说来此事也很疯狂，用表意文字给表音文字注音。但中国人就是这么干的。英语的 thank you（谢谢），到了咱中国人这儿，注音为"三克油"。还有个更好笑的，What's this in English?（这个用英语怎么说）被转写为"我死你死学英国历史"。

奇："三克油"！我也听过！只是觉得很好笑，没想到是注音的问题。

思：作为初学者，不习惯英语的发音，自然会用自己的母语来帮忙，而且力图用比较俏皮的翻译来助记。

---

① 李葆嘉. 中国语言文化史[M]. 南京：江苏教育出版社，2003.

奇：明白了，如果英国人到了中国，也会自然地用英文字母给汉字注音。注得多了，就成了一种拼音。

思：对的！元代就有马可·波罗来中国，据说唐代也有波斯人到中国，不知道他们有没有造过拼音。当然了，就算是造，可能也只是简单地拼读汉字，不成体系。

奇：这还需要体系？不就是拿字母来拼读吗？

思：你想想英文字母的发音和汉语能一样吗？

奇：啊！这个意思，我说汉语拼音的字母读音怎么和英语不一致。a读"啊"，而在英语里是"艾"。q在拼音里读"七"，在英语里读的没法用汉字写，难怪用"克油"。

思：还有咱们的j、q、x、zh、ch、sh、ü等等，用英文都不好拼！再加上汉语还有声调。一套成熟的拼音方案得把这些细节都考虑周全了。

奇：确实蛮烦琐的，不是件容易事儿。

思：所以真正有影响的拼音方案出台较晚，1867年，英国大使馆秘书威妥玛（Thomas F. Wade）出版了北京语音版的课本《语言自迩集》，他用拉丁字母来拼写中国人名、地名和事物的名称，称为"威妥玛式"。在世界上影响较大，很多文献至今还是这么拼，比如北京拼为"Peking"。

奇：还真是英国人设计的！那中国人都干什么去了？

思：咱中国人没闲着，鸦片战争之后，很多知识分子都想着富国强兵，首先就是要出国学习欧洲列强的科技文化。当然，第一步还是学外语，看不懂列强的书，怎么学习其文化呢？

奇：学外语，学知识，和拼音有关系吗？他们用汉字拼外语？好像也没什么用啊，都是初学者才干的事情。

思：对的，他们学了英语、法语、俄语等等之后，有一种深深的震撼。

奇:震撼?

思:表音文字呀!能不震撼吗?

奇:这有什么好震撼的?英语,学就学了呗。

思:你看啊,英语才26个字母。是不是几天就学会了?然后单词呢,记住读音,就可以拼写出来了。我们之前聊过英语的学习方法,对不对?

奇:又绕回来了。是的呀。学英语,重要的是记音,而不是拼字母。

思:而中国一百多年以前的读书人,都是从小练毛笔字,诵读诗书,少年时代的主要工夫都花在了学写汉字上。

奇:今天的中小学生也差不多呀!一直在学写字,写呀写,写呀写。听说有的语文老师比较严厉,时不时让学生一个生字抄写一百遍。

思:可你看看英语,26个字母,几天就搞定了。咱们十几年掌握的成千上万的汉字,对英语来说完全没必要啊!花费十年大好光阴在认字、练字上。老外觉得我们在疯狂地记忆大几千常用的图画,他们学汉语一般也就学口语,都怕学写汉字。

奇:对!恍然大悟!浪费了十年工夫在写字上!第一批出去学外语的中国人岂不是要疯了?!

思:去日本留学的还好,毕竟日本当时也用汉字。去欧美的,整个人都不对劲了。其中一些激进者,回国就要取消汉字,全面拉丁化。说白了,他们想用拼音取代汉字,给中国人节约宝贵的青春,多去学自然科学技术,早日富国强兵,打跑欧洲列强。

奇:那他们肯定要设计出汉语拼音方案咯?

思：对呀！用拼音取代汉字嘛！特别是在20世纪初，各种拼音方案都出来了。有用拉丁字母的，也有用汉字部件的，就像日本的假名一样，还有用速记符号系统的。

奇：前面是万"码"奔腾，这里又是万"音"奔腾。现在的汉语拼音如此流行，应该还是拉丁字母的好，不说别的，和英文键盘对应，打字多方便。要是用了假名或者其他的符号，今天的输入法又成大问题了。

思：是呀！可惜民国政府当年选定的是汉字部件类型的"注音字母"，后来台湾沿用了，对国际交流和汉字输入法都贻害无穷。再后来不得不回归拉丁字母，另做了一套和大陆相似而又不完全相同的拼音方案。

奇：太折腾了！

思：在民国时期，拼音不只是作为拼读汉字的工具，而是想要取代汉字。你觉得可以吗？

奇：不用汉字，只用拼音？这太过了吧。

思：这样，咱们用拼音写一句话试试。

奇：好！"wojuedezhezhongzuofabutaikaopu（我觉得这种做法不太靠谱）"。看着眼花。不行不行。

思：别急，别忘了，英语的词和词中间是有空格的。

奇：对！"wo juede zhezhong zuofa butai kaopu"，看着好多了，有个问题，"不太"要不要分开？

思：分开吧。"zhezhong"也分开吧。

奇：啊！写拼音倒还好，这词语的边界有点头疼。

思：那这个拼音方案又得具体地规定词语的边界，对不对？

奇：需要的。越来越复杂。啊！我发现"越来越复杂"的拼音很难拆分!

思:这个词语边界的问题,也是个大问题,我们先放放。还有个更大的问题,就是你看了拼音,能不能明白句子的意思?

奇:不如汉字明了,要花费更多的时间来猜。

思:能猜对还好,句子长了,猜都费劲。为什么难猜?

奇:因为汉字有太多的同音字了。

思:我们来算一笔账。普通话按汉语拼音的话,有 400 多个音节,算上声调有 1 200 多个音节。而常用的汉字大概 7 000 个,也就是说一个有声调的拼音平均对应 6 个汉字,去掉声调则对应 17 个汉字。

奇:这还不算罕用字呢!句子长了,或者词语新鲜点,肯定出问题。不能用拼音取代汉字。

思:如果能的话,今天我们就用拼音输入法打字,而不用选汉字了。这个道理不难懂,但有的人就是不信这理。比如说,日本、韩国、越南都受到汉字文化巨大的影响,历史上都借用汉字,也自造一些汉字。但欧美列强来了之后,他们也都想改为拼音文字,韩国、越南几乎全改拼音文字了,日本还保留了不少汉字。日本的做法也是很无奈,同音问题使得汉字不得不存在。而越南在改了拼音文字后,日常交流还好,政府公文、法律文书往往会出问题。

奇:这么说韩国的问题小一点?

思:能不能改拼音文字,关键看同音词的数量!同音现象太厉害,一时是改不了的,除非慢慢减少同音词的数量。

奇:那英语这样的用表音文字的语言,就没有同音词了吗?

思:完全消灭同音词是不大可能的,一种语言即使在文字创制以前有一定的同音词,也会因表音文字的使用,而尽量地减少同音

词。但使用的是表意文字的话,文字本身有了区别意义的作用,同音词的数量就可能不减反升。

奇:所以,汉字拼音化的道路走不通。

思:至少现在不行,得等汉语发展的词语音节长一些,同音词减少,才可以。

奇:这么看的话,汉语拼音,也就只能停留在拼读汉语字词的层面了。

思:是的。当然,在日常口语方面,用拼音来转写,问题应该也不大。咱们现在用的汉语拼音是中华人民共和国成立后重新设计的,在编纂字典和词典、扫除文盲、识读汉字、推广普通话方面贡献是相当大的。

奇:没想到拼音还有这么大的问题、这么有趣的历史。今天还赶上用英文键盘来输入汉字。你说的推广普通话,好像也很有用哩。

思:是呀!没有汉语拼音,一个字怎么读都不知,如何写在字典里?而且呢,现在的汉语拼音是以普通话为基础的,不是方言哦。

奇:哦!如果给每种方言造拼音,也蛮有趣的。

思:中华人民共和国成立后,咱们的语言学家还帮助很多没有文字的少数民族,用拉丁或俄文字母等方式建立了他们的书面文字。当然,能这么做的前提是同音词数量少。你看,表音文字厉害吧。

奇:嗯!表音文字的创制也一定很有意思。

思:是的,表音文字的创制也经历了漫长的历史。这个我们前面也涉及了一些。现在确实可以说说了。表音文字的创制,其实和咱们用汉字拼读英语的方法很像。

奇：哦？

思：你看，古老的原生文字，苏美尔文、古埃及文、汉字、玛雅文，在起始阶段都想用一词一画的原则，有些东西画不出来，口语中又有，当然忍不住用形声字的方式来造字。也就是声音符号加意义符号。声音符号本身是有意义的，只是用来表音而已，比如"河、柯、珂"等字，"可"作为声旁，往往丢掉了它自己的意思。"可"就成了声音的代表。形声字的原理再走下去，就快到拼音文字了。

奇：哦？一种文字自己也能演化为拼音文字吗？

思：这种突破，往往是语言的交流造成的。就像我们拼读英文一样。假设我们用汉字拼读了课本里面所有的英文单词，比如说2 000个单词，你说我们会用多少个汉字呢？

奇：汉字记录的是音节，英语的音节得有几百个吧，那我们用几百个汉字就好了。

思：如果限制一下，让汉字只记录元音或者只记录辅音呢？

奇：那恐怕几十个就够了。几十个，数量上就和表音文字差不多了。你是说，如果我们真这样拼读下去，就会形成由几十个汉字形成的表音文字，是吗？

思：是这个意思。历史上也确有发生，具体可以参考咱们的汉语拼音之父周有光老先生写的《世界文字发展史》。只记录辅音的文字确实存在，比如阿拉伯文，虽是表音文字，却基本上只记录辅音，不记录元音。

奇：这文字系统也有趣，什么情况都有。用一套基本的表音符号去拼另一种语言，拼着拼着就简化为拼音文字了。

思：日本的假名，也是民间高人发展出来的，借着汉字的部件，形成了一套对应其口语的表音文字体系。换句话说，就是用少量

的简化汉字去拼读自己的口语,而且因为汉字是对应音节的,假名也是按音节对应口语的。所以,即使是表音文字,类型也不同,有的比较忠实地记录每个音素的发音,有的只记录辅音,有的记录整个音节。

奇:太好玩了!

##  书法的演变与信息化

思:拼音聊到这也差不多了,但这勾起了一个新的问题。表音文字和表意文字的字数相差这么多,不由得产生了一个衍生品,这就是让中国人颇为自豪的"书法"。

奇:简直就是一种艺术!每个汉字都可以写成各种不同的漂亮字形,像画画一样。只是草书之类太潦草,我都看不懂。

思:表音文字,有没有书法这样的艺术?

奇:好像有吧,英文有些字体也是做得精致、漂亮,算不算艺术,我说不清楚。对了,艺术又是什么呢?

思:这个话题有点难度,艺术的定义很多,但至少艺术是人们长期积累而又不僵化的,有一种灵动的、不断创造的激情。英文只有26个字母,能创造的空间太小。成千上万的汉字,在不同语境下意义又有所不同,每个字可以根据个人的心理状态而挥洒纸端,所以也有人戏称书法为"画字"。

奇:不是写字,是画字?哦,是说字如画一样美,有创造性。这么说的话,但凡字数多的表意文字都有书法了?

思:说也奇怪,苏美尔文、古埃及文和玛雅文都没有体现出这样的特点。苏美尔文还好解释,毕竟是写在泥版上的,运笔困难,所以字形都比较规整。古埃及文刻在石头上的体式自然比较僵硬,但是后期写在纸莎草上的僧俗体看起来比较潦草,艺术感不强。这有可能是因为古埃及文到了后期也是偏表音了,字符数量减少得很厉害。玛雅文呢,和古埃及文也很像,但其写在树皮纸上的字形虽然精美,却基本遵循了石刻字体。

奇:看来汉字的艺术得天独厚呀!

思:怎么说呢!这就是清末民初的知识分子最头疼的问题。所有的读书人都被这书法困死了。你听过"字如其人"这句话吗?字写得不好,还被人们认为素质低。这门古代知识分子的集体艺术,成就斐然。除了吟诗作赋,咱古代读书人就是书法艺术家呀!

奇:不是所有读书人都这么有艺术细胞的,脑子聪明,字未必写得好看,人各有所长呀!

思:对的。所以,今天的义务教育、大学教育不重视毛笔的作用,无可厚非。爱艺术的人,可以自由地用毛笔作画。一般情况下,用用钢笔、水笔也够了。

奇:可我看到,人们现在都不怎么用笔了,大部分的字都是在电脑上敲出来的。

思:所以很多人着急上火,觉得这样下去,不止是书法没了,汉字也要消亡了。如果不是小学老师逼着,这么多的汉字也只能没落到能认不能写的境地了。

奇:表音文字就不用担心这种事情。

思:这种担心不是多余的,表音文字只要记住音即可,而汉字的掌握离不开字形的记忆。按前面说的,只有等汉语将来发展出更多的多音节词,同音词变少,文字变为表音文字才行。当然,真有那一天的话,普通人阅读古人的书,又成了大问题。

奇:我最怕读古书了,听听都头大!看着也有很多不认识的繁体字。

思:繁体字、简体字的问题,不知道多少人讨论过。我们要明确的是,简体字只有2 000多个,是中华人民共和国成立后为了扫除文盲,帮助普通大众掌握汉字的读写而制定的一套针对常用汉字的简化方案。这些简化字也不是生造的,大多是选择已有的俗字和行书、草书中的结构简化的字,少数是按照形声字的原则造出来的。其助力扫盲的历史贡献自不待言,只是简化字作为内地(大陆)的官方和教育的正体字后,现代中国人直接阅读古书会有一定困难。

奇:哦!原来是这么回事。港台用繁体字,好像也没出什么问题,他们读古书更方便一些。

思:是的。我们已经算是幸运的了。表音文字国家的人一般很羡慕中国人,因为随着历史上的语音变化,现代英国人是基本看不懂古代的书面英语的。而汉字依靠基本稳定的字形,即使是小学生也能认识两千年前的不少汉字。

奇:表意文字还有这好处,不错。

思:对啊,苦守古代语音的也不是没有,比如拉丁语,都是比较专业的文学、历史专家、学者或者科学家在学习,但基本不作为自己的母语。

奇:说起古代,我觉得蛮奇怪。这古代的汉字字形和现代的字形感觉还是蛮不一样的,比如甲骨文、篆书、隶书什么的,我来上网搜几个字吧。

| 甲骨文 | 金文 | 小篆 | 隶书 | 楷书 | 草书 | 行书 |

图 5-5　汉字字形演变示例①

这些字,甲骨文很像图画,而且笔触很硬,金文圆润一些,小篆突然变得很规整,到了隶书铿锵有力,楷书又柔美一些,草书、行书看起来很随意,比较有艺术感。

思:不错啊! 很有感觉嘛!

奇:为什么会发生字形的变化呢? 莫非是不想墨守成规? 不断翻出新花样?

思:有可能,就像奥运会的口号"更高、更快、更强",书法追求更美。

奇:各有各的美法,不过我喜欢楷书和行书,看着顺眼。

思:你有没有觉得甲骨文和古埃及的文字有几分神似?

奇:你是说汉字抄袭古埃及文字?

思:别误会。我突然想到,这两种文字都是雕刻体,在骨头、石头上刻字,这字能不显得硬气嘛!

---

① 字形图片整理自 http://www.vividict.com/,也可参见邵敬敏. 现代汉语通论[M]. 上海:上海教育出版社,2001.

奇：对呀！金文是先雕在磨具里面，还是直接刻在铜器上？哎，不管哪种都费劲。比甲骨文圆润，是不是因为金属容易打磨，走弧线比较好刻，也更好看。

思：对，说得好！那小篆呢？

奇："篆"这个字好奇怪，我来查查百度。《说文解字》中解释为"引書也"。清代学者段玉裁进一步解释，"引書者，引筆而箸於竹帛也"。你能帮我翻译一下吗？

思：没问题。段玉裁的意思是，用笔在竹片和锦帛上写字。

奇：哦！怪不得"篆"是竹字头，原来是在竹简上写字。我明白了，竹简嘛！细长的条，如果用刀刻挺费劲，如果毛笔写的话，肯定就会变得更圆润。

思：对！竹简价格便宜，锦帛贵，在锦帛上写得少，所以字体基本上还是以竹简的为主。如果锦帛多了，这字肯定写得更美，更艺术。

奇：哎，你说，在竹简的时代，人们可能不像后代那样太注重字的美丑吧。

思：这我还真不知道，以后读古人的书，可以留意一下，有没有这类说法。那个时代已经有笔了，竹子做的，但是毛是捆在笔头的。据说是汉代开始才把笔头掏空，将毛放入笔头。笔和竹简的价格应该都不贵，对教育的普及、书籍的传播来说都是好事，怪不得春秋战国时期可以做到百家争鸣，竹子的贡献很大！

奇：哎！这么说，汉代的毛笔改进后，和今天的差不多，再加上出现了比较便宜的麻纸和后来的蔡伦纸，书写起来方便多了。哇！那字形肯定要变得柔顺、自由！想怎么写就怎么写，不必像刻在骨头、竹片上那么费劲，也不必像书写在昂贵的锦帛上那么小心翼翼了。

思:太聪明了！我怎么没想到！汉代的纸、笔一改进,这文学、文化、教育肯定又要繁荣一番呀！不止一番,这后代基本上都是这纸和笔了,简直影响两千年呀！字写得自由了,楷书、行书、草书的出现也就不足为奇了,各种体式百花开放的机会来了。怪不得我们看两千年前的东西顺眼,原来是书写工具差不多。看甲骨文可就费劲多了。

奇:那到今天,钢笔、水笔取代毛笔,人们的字也变化了呀！字明显写得小了。毛笔这么大,古书一页纸放不了多少字。而钢笔笔尖小,写出来的字也小。对了！写的字还是根据场合以楷书、行书、草书为主。

思:我的感觉不一样！你看啊,毛笔的发展,会使得写字从开始的笔头粗细一致,到后来的粗细相间,更漂亮多姿。而到了硬笔,好像又回归了粗细一致,美感是比不了毛笔的。而且纸也从柔软的宣纸变成了厚实的硬纸,写起来差别很大。怪不得硬笔书法始终没法与传统的毛笔书法相媲美。

奇:啊！是的！很多人抱怨用钢笔、圆珠笔练字总也练不好。要练字,看来还是得毛笔。

思:不过钢笔、水笔带着方便,用着方便,毛笔写字前的准备和善后工作太麻烦了,毛笔只能归于小众艺术了。现在呢,硬笔也不行了,都是电脑打字了。

奇:我发现了,电脑打字又不同了！汉字变得更小了。我看你们爱用五号字,比钢笔写出来的还小。一张纸上可以放很多很多的字。哎！对！这是一种新的解放。打字的速度远比写字要快啊！

思:看来,今天的汉字生活要跟艺术告别了,基本上成了纯实用的工具。想美观点,电脑里多装几个字体,用打印机一喷,要什么效果有什么效果。一般情况下,也不用去找书法家赐字了。

奇:方便!方便!真不敢想再过几十年,汉字生活会变成什么样?

思:艺术都是从实用走过来的。我想,人们还是会追求美丽的汉字的,也许用不了多久,电脑上也会支持手写书法和字符编码一体处理,让人们想写就写,想打字就打字,更加多媒体地输入和显示汉字。

奇:嗯!不错的设想。

思:不过,咱们好像又扯远了,还是接着前面的话题,说说汉字进入计算机之后,还解决了哪些难题。

奇:好,明天接着聊吧,我的小脑子也累了,要洗洗睡了。

## 语言仓库:搜索引擎

(小狗罗奇这两天精神很好,一大早的,我还在梦中,他就叫起来了。)

思:好吧!等我洗漱一下,吃个早饭!

奇:开始吧。我想知道汉字进入计算机以后,还有哪些困难。昨天聊得真是太多了,需要整理整理思路。其实我们好像都是在用数学方法聊语言问题,不管是同音字词的问题,还是计算机的语言智能问题。文字能进入计算机,实在是件了不起的事情,至此之后,只要有计算机这种类型的东西在,人们几千年来创造的精神活动成果,就不会像口头的声音一样消失,或者像木头和书一样烂掉。语言既然进入了计算机,总得做点什么。全世界的语言文字都在计算机里面,到底还需要攻克哪些难关?

思:进入计算机是第一步,怎么用就要靠本领了。就像互联网刚刚兴起之时,很多公司只想着怎么做门户网站,给网民提供尽可能多的信息和服务,但很少有人想到做搜索引擎。

奇:你是说谷歌、百度吗?

思:是的。一个门户网站能提供的信息总是有限的,比如新闻网站、体育网站、旅行网站等等,做得越专,信息价值越大。而网民个人的需求却又是多样化的。搜索引擎的思想就是把互联网上面的所有数据都抓取下来,做成一个庞大的数据库,让用户根据需求来搜索自己需要的网页或数据。

奇:这个我觉得挺好,很方便,想查什么,上百度!

思:你看,搜索引擎抓取了互联网上几乎全部的数据,不就是最大的语言仓库了吗?

奇:对!他们可以做语言研究了,看看中国的网民每天都在网上写了什么,热点新闻是什么,有没有新词冒出来。

思:是的,搜索引擎给我们开了一扇窗,第一次看到全世界的人们每天的语言行为。如果语言学家在搜索引擎公司读数据,一定非常开心。可是,研究汉语方面的专家可要伤心了。

奇:为什么?

思:这个时候他只能看到单个的汉字热点,看不到词。

奇:嗯?没有词?

思:对啊,汉语的文本又没有英语那样的天然词语边界。

奇:想起来了。就像拼音转写句子的时候,会遇到词语切分的问题。英文单词之间都有空格,汉语是一个个的字。这确实是个不小的问题。

思：国外的搜索引擎公司做其他语言都还好，唯独中文把他们难住了。要给文本中的汉字们寻找词语边界，否则就不是热点词找不到，而是连搜索都会出问题。

奇：什么问题？

思：比如你搜索单个字的时候，比如动物"马"，搜索结果里面会出现"马上""立马"等词，还有许多姓马的人。

奇：哎呀，这可不是我想要的。

##  词语的自动切分(自动分词)

思：单字词问题很大，多字的词也不好过。你看"和服""和尚"这样的词，搜索结果里面会出现"和服饰""和服装厂""和尚未""和尚且"等等大量的干扰。

奇：句子必须要切分出词语才好！那具体该怎么做呢？前面我给拼音分词的时候都分不好呀！

思：是呀！不仅是你分不好，语言学家也吵成一锅粥了。早在搜索引擎出现以前，语言学界就对汉语里面的词的概念起了争论。主要分为两派，一派认为汉语应该和英语、日语一样，具备普遍意义上的词这样一个语言单位。另一派则认为中国古代基本上只有字典和成语习语类型的辞典，没有英语单词这样的词典，方块汉字才是汉语天然的语言单位，只有字和短语两级单位。况且汉语没必要遵从英文等印欧语系总结出来的语言理论，应该有自己的个性。这两派争论了很多年，谁也没说服谁，可是互联网时代来了，搜索引擎要分词,语言学家提供不了多少帮助。

奇:这难道不应该是语言学家所做的事情吗?汉语中有没有词,我们之前好像也讨论到了。在古汉语的早期,汉语是在用造字法造词,一个字一个词占了主流,其结果是汉字大爆炸,后来不得不改为多个字一个词,要不到了今天,就没有多字词,只会不停地造新字出来。所以词,我觉得当然应该有的呀!只是词的边界可能没那么容易界定。

思:说得好!即使是英文,词的边界也不是那么清楚。表面上,空格就是词语的边界,而英文也存在合成的单词,以及各种擦边球,比如 the girl's cat(女孩的猫),这个's你说算不算一个词?动词还连着-ing,-ed 等形式,是不是也要分离?英文句子末尾的句号.和单词连在一起,也没有空格。英文的人名也是问题,苹果公司的 Jobs(乔布斯),如果处理为名词会删除 s,搜索引擎也难有好的检索结果。

奇:也就是说,词语边界的问题,其实是个语言共性的问题,不止汉语里面有。

思:对呀!让我们头疼的词语,再比如"穿上衣服"的"穿上"到底是不是一个词,在英语里处理起来也头疼,"put on"虽然写成两个单词,但处理为一个整体也许更好。

奇:这事情,语言学家弄不清,看来只能是计算机学者来做了。

思:是的,计算机学者们从计算的角度提出来的要求实际上只有一个,不管怎么分词,一定要保证一致性,不能相同的、相似的词语,一会分开,一会合并,没办法写程序。

奇:这个原则挺重要。那具体执行起来,每一个词语的边界怎么定,还是有不少争论的吧。

思：这件事情，到2003年才有了个比较好的解决方案。计算机专家不掺和具体的分词过程，而是专心设计几套不同的机器学习的算法。分词的具体规范已经有很多种了，就用这些规范作为指导来切分语料，然后区分出已经分过词的**训练语料**和没有分过词的**测试语料**。让机器学习训练语料上的分词参数，再到测试语料上一比高下。这样呢，相同的机器学习算法之下，就能看出不同分词语料的优劣。而相同的语料，又能看出不同的机器学习算法的优劣。

奇：这真是个聪明的办法。免得计算机专家自己纠结于分词程序的设计问题。

思：是的，这也是计算机软件开发的一大原则，就是程序与数据分离。不在程序中写针对特定数据的处理规则，而是尽可能地通用。2003年在日本札幌举办的第一届国际中文分词竞赛上，自动分词的整体效果已经超过了95%，基本达到了实用水平。而这届大赛的评测方法，更是受到业内的推崇。

奇：这个方法好，可以让计算机专家专心研究算法，语言学家专心标注语料。两者可以独立地展开工作了。

思：是的，这个路子一直延续到今天。只是标注语料的人员大多数并不是语言学家，而是从高校或者社会上聘请的有一定语言学基础的学生或文职人员。语言学家往往有自己的观点，不愿意简单地遵从一套规范，更不愿意投入大把的时间来做这么枯燥的标注工作。

奇：语言学家可以做后续工作呀！他们可以统计分析已经标注好的语料，观察有趣的语言现象，改进分词规范或者方案。

思：你说得很对。这需要语言学家们掌握程序设计和统计分析工具,而不仅仅是单纯地内省式分析研究。

奇:你是说语言学家的研究大多是内省式的?不爱看数据,不写程序吗?

思:不是。传统的语言学家,还是很喜欢做数据的,古代的喜欢做卡片,近代的喜欢做语言和方言的调查,可惜被一个特别厉害的语言学家给带坏了。

奇:谁?

思:乔姆斯基(Chomsky),他主张应该用人的理性去透析芜杂的语言材料,不应该被浩如烟海的材料淹没,应该从自己的内心出发,分析句子的语法结构的规则①。

奇:他说得也很对啊!人不从自己的心出发,不用理性,怎么做研究呢?

思:他说得没错,他是从一个基本假设出发,认为人之所以能掌握语言,而动物不能,是源于大脑特殊的能力,人类具有特殊的语言器官,所以人们的语言行为可以用内省的方式,从自己的语感出发,去研究语言最为核心的句法组织结构问题。这个观点确实很伟大,把语言学的核心问题定位在句法上,抓到了语言的重心。他自己不大注重观察语言材料,而专注于句法问题,这也是可以理解的。但他的观点和方法被滥用之后,却造成了理性与材料的对立。

奇:怎么会这样,不能中和一下吗?

思:所以我们之前聊过天文学的问题,数据观测与理性思考应该相辅相成。今天的语料标注人员就是在做当年哈佛天文小组的

---

① Chomsky, N. A. Syntactic Structures. New York: Mouton, 1957.

女工们的工作,说不定能有很多新的发现。

奇:是的。分词的问题基本解决了。这下子可以开始研究语言智能了吧。

思:可以开始了。这个分词的问题大致解决以后,搜索引擎的搜索结果提升了一大截。连购物网站也受益颇多,因为他们也使用户能够又快又准地找出需要的商品。中文输入法也得到了很大改进,现在的拼音输入法都内置了词库,大大减少了输入时的选字时间。网络热词、实时热点等功能更是不在话下。当然了,跨语言机器翻译效果也提升了不少。

## 语言的自动翻译(机器翻译)

奇:机器翻译,就是利用计算机将一种语言翻译成另一种语言?

思:对呀!机器翻译,可以把人力解放出来,自动地把一种语言翻译为另外一种。

奇:这可是好东西,看不懂的外语资料,都可以翻译成汉语来读了。现在翻译质量怎么样?

思:还不怎么样,不过比几十年前可好多了,互联网的数据帮大忙了。相比过去,互联网上各种语言的数据丰富多了,现在的技术早已突破了逐词进行词典翻译的阶段,采取机器学习的方法,从双语平行的语言数据中学习翻译参数,然后去翻译用户需要的句子。

奇:还是机器学习技术在支撑。双语平行的语言数据是什么意思?

思:看来咱们得慢点来讨论。你看啊,最简单的翻译方法,可以是查双语词典式的,逐词翻译,其缺点很多。比如,词典收词不全问题就挺严重,习语也不好翻译。还有就是一个词往往在不同的上下文中存在不同的翻译。于是,人们就想着扩大词典,尽可能收全各种词,这也是个力气活。同时,制定各种规则来解决一词多译的问题。后来,人们换了个思路,考虑能不能建立双语对齐的语料库,从语料库上自动地学习翻译知识。双语对齐,就是一句英语,一句汉语这样。"I like playing football"对应"我喜欢踢足球",再进一步做到每个词都对齐。机器从这样的对齐语料上学习的知识就转化为概率化的对齐知识。

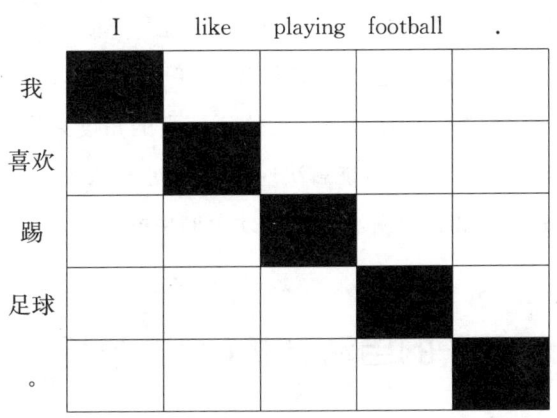

图 5-7 "我喜欢踢足球。"的英汉对齐

奇:在对齐的条件下,机器学到了每个词对译的词语和位置,这个办法不错。语料库大了,对齐信息学好了,翻译效果应该能提高。还不用辛辛苦苦地做双语词典,真好!对了!词对齐以后,不就直接得到双语词典了吗,一举两得呀!

思:是呀!这种方法已风靡机器翻译界,句子对齐和词语对齐也都发展出了自动方法,不必人工逐词去对齐了。

奇:哇!这可真是太聪明了!莫非都是计算机领域的学者提出来的?

思:没错!都是二三十岁的青年才俊!这种创新还得靠头脑灵活、数理基础好的年轻人!我们前面提到的几位学者,像乔姆斯基、霍夫曼都是20多岁就做出了重要贡献。

奇:我们狗也要加油!那这个机器翻译也算是一个难关了?

思:是的,现在还没有做得很完善,按照信、达、雅的标准来看,"信"基本做到,"达"也只能算是凑合。

奇:那就继续努力!

思:机器翻译面临的问题,其实和我们之前谈到的比较相似。偏于字面义的短句子,已经翻译得比较好了。难点是长句子和修辞手法,长句子的结构比较复杂。从语言学的角度来说,还是句子的语法理论和修辞理论没能解决应用上的问题。

奇:看来,还得靠计算机背景的才子们想办法了。

##  句子的自动分析(句法分析)

思:目前来说也确实是的。乔姆斯基开创的句法研究成果丰硕,但没有考虑普适性的语言计算问题。所以和汉语分词的问题相似,语言信息处理的学者和工程师们,想了很多办法来自动地分析句子的结构。

奇:句子的结构,我们前面聊过。不过,我仍然不清楚,除了主谓宾之外,一个句子完整的结构该怎么来分析。

思:这可是一个悬而未决的问题。人们尝试了很多办法来表示句子的结构,至今未得圆满。简单的句子,几乎各种方法都行,我们先从简单的开始。

奇:比如,"我刚刚啃了一根硬骨头"。

思:传统点的方法是画线①,我‖[刚刚]啃＜了＞(一根)(硬)骨头。

用‖分开主语"我"和谓语"刚刚啃了一根硬骨头"。"刚刚"是时间状语,用[]标出。谓语动词"啃"下加横线。补语"了"用＜＞括起来。"一根硬骨头"做宾语,"骨头"下面加波浪线。"一根"和"硬"都是"骨头"的定语。就这样来表示句子的结构啦!

奇:看得眼花。我得来总结一下,搞搞清楚。主语和谓语先二分,谓语里面是动词和宾语,在前面修饰动词的是状语,在后面的是补语,修饰名词的是定语。

思:是这么回事。感觉好点没?

奇:还行,算是比较清楚。但是这个方法,好像不能解决稍微复杂的情况,比如"硬骨头"换成"别的狗都啃不动的硬骨头"。

思:肯定不行。

奇:只要宾语里面嵌套了动词,就不行了。这种画线的方法,只是二维的结构,只能解决一个层次里面的问题,复杂点的就完了。

思:那你能不能想个好办法?

奇:我试试。不能画线了,得用立体一点的结构。

---

① 为了便于讨论进行了精简,与传统教材不尽相同。参考黄伯荣、廖序东主编的《现代汉语》的语法部分。

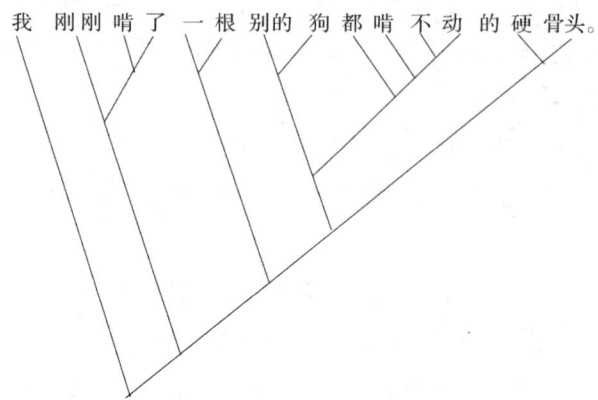

图 5-8 句子的树形结构分析

思:看着你慢慢地画,有点意思,一层层的结构,要比刚才的单层结构好多了。你是用的树形结构。

奇:是呀!

思:你画得已经很好了,好几派语言学家都是按这个思路来做的。不过,你还没有标明词语之间的具体关系。

奇:这有什么,加上就是。就在各个分叉的地方,分别在左右树枝上写上主语、谓语、定语、状语。

思:好像可以。我仔细看了一下,有个问题。"啃"是先和"骨头"结合,还是先和"刚刚"结合?

奇:啊!应该是先和"骨头"结合。"刚刚"表示啃的时间嘛!

思:那为什么"我"不和"啃"先结合,把主语、宾语放在同一个层次呢?

奇:是呀!可这样画出来的话,不是树形结构,比较别扭。即使把主宾语分成两个层次,"刚刚"也会扭曲。不好办啊!

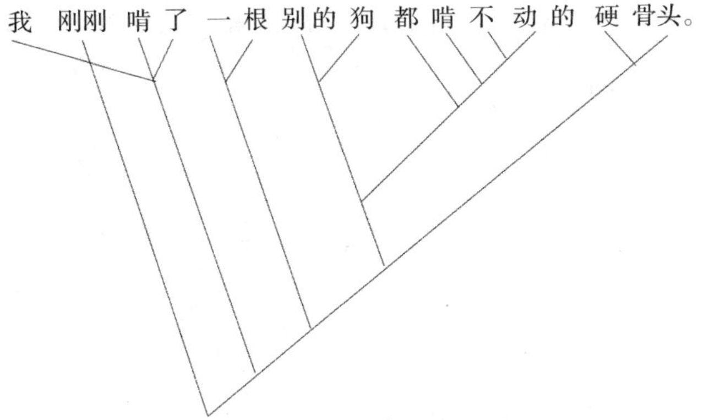

我　刚刚　啃了　一根　别的　狗　都　啃不动的　硬骨头。

**图 5-9　句子的非投影结构**

思：这其实还是树形结构，只是和词语的原有顺序不对应了。如果把"刚刚"左移到句首，就还是一棵树啦。

奇：对哦！这种结构蛮有趣的。

思：这就叫和词序不对应的"非投影树"。不过，问题还没完，注意"啃不动"的"啃"的宾语也是"硬骨头"，这个关系，你没画出来呀？而且还有个"的"字没和其他的词语组合呀？

奇：啊！这怎么画，我有点晕了。

思：再努力一下。

奇：好！你刚才说，把主语、宾语放在一层。那干脆用我学过的有向图来表示算了①，让动词来支配主语、宾语。不用这蹩脚的树形结构了，我再来一次试试。

---

① 当然，这不是狗的发明，是特斯尼耶尔提出的依存文法（Tesnière L. Eléments de syntaxestructurale[M]. Paris: Librairie C. Klincksieck, 1959.），为了行文方便，笔者在绘图上做了一些小改动。

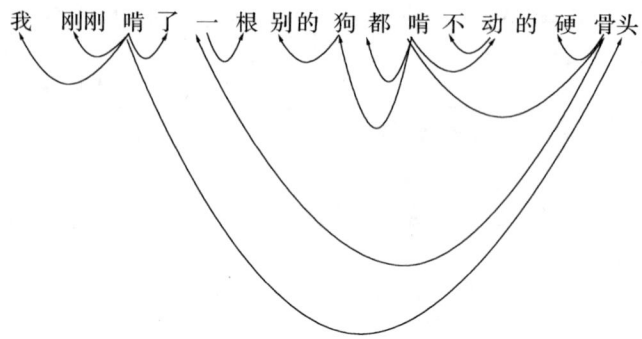

**图 5-10　句子的有向图分析**

思:好家伙,这次全用的是带箭头的线条了,也就是有向弧。这样一来,词语之间的支配关系也更明确了。动词不仅支配了主语、宾语,还支配了时间词"刚刚"。名词也得去支配定语了。哎!你看,这好像不是图了。和刚才画的树比比看,刚才的树根是空的,现在的树根就是"啃",各条弧之间不存在交叉,现在又变回了一棵树。

奇:对啊!这棵有方向的树,好像还挺有用。但你说的"啃不动"的"啃"的宾语也是"硬骨头",没办法弄呀!一方面,"啃不动"既是"硬骨头"的定语,又是支配"硬骨头"的。这到底是什么?

思:别复杂化,其实,就是用一个动词性质的短语来修饰"硬骨头"。动宾关系还是挺重要的。

奇:那个多余的"的"该怎么办?

思:"的"的作用是什么?

奇:嗯——就是做个标记,表示"啃不动"和"硬骨头"之间的修饰关系。

思:其实,我们前面讨论过,这就是降级处理。英文一个句子里,只能有一个主要动词,其他动词都得降级。这里的两个"啃"层级不同,得有个标记。它的作用就是连接两个词语,又怎么好挂到树上去呢?

奇:啊!不必给句子中所有的词都画出关系的!

思:只是这种做法,目前还没有在学术界和工业界展开研究,很值得继续做下去。

奇:又聊出了一个值得做的方向。聊天真好,一天能聊出好多新想法。

思:现状是,句子结构的分析还比较差,更谈不上段落篇章,对后续的其他任务影响比较大,比如人机对话、机器翻译、网络舆情等涉及精确意义的处理任务。

奇:好吧。又回到前面的问题了,语义的表示与主观情感的处理方法。

思:这个跳不过去。我想说的是,你看语言信息处理方面的具体工作,实质上推动了语言学的发展。从汉语中是否存在词,机器可以自动分词再到自动的机器翻译,在一定程度上讲,人类已经在模拟人的语言智能了,对语言学的基本问题解决也有帮助作用。如果不存在词这个单位,人标注不好,机器学了也标注不好。

奇:干脆从机器的角度重新研究语言问题吧!

思:语言信息处理界就是这么行动的。

奇:好吧。其实我挺想知道机器学习技术到底是怎么回事,之前已经说起很多次了。

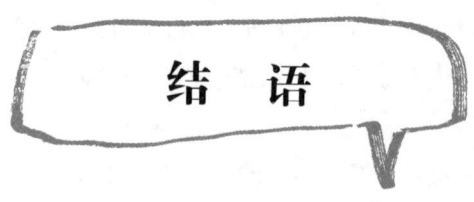

# 结　语

思：机器学习方面的教材、论文和科普介绍很多很多，而这些倚重数学的知识，包含大量的公式，如果想深入了解，需要静下心来慢慢去读、去琢磨。在语言智能研究的历史上，有代表性的主要是三个模型：一是朴素贝叶斯—马尔科夫模型，二是向量空间模型，三是神经网络模型。这三个模型还有着相当大的联系。

奇：你别吓唬我，真的开始讨论模型啊。我虽是逻辑狗，逻辑不错，但数学并不好……

思：贝叶斯、马尔科夫，听起来很吓人，其实都是人名而已。

奇：唔！你为什么偏找这三个模型来聊？

思：这三个和语言问题最相关。其他的许多数学模型，大都不是从语言问题出发来建模的，有些模型效果也不错，但总觉得削足适履。而且未来这三个模型仍然会有广阔的发展前景。有人甚至认为，人工智能将终结于神经网络模型。

奇：这种说法有些武断了吧。

思：先了解再判断吧。

## 结 语

奇:好。要不我也是武断了。

思:鉴于这些模型在吴军的《数学之美》《浪潮之巅》和《文明之光》等著作里面都有比较好的介绍,我们这里就不重复了。这些数学模型从现在来看,解决了很多实际问题,但还没有很好地解决语言问题,值得我们学而用之。

奇:那你的意思是,我们先了解了解,注意力还是要落脚于语言。

思:是的。我们要思考的是我们从哪里来、到哪里去?我们的语言从哪里来、到哪里去?我们为什么需要交际,这是不是人类社会生产力发展的源泉?语言的奥秘与智能的奥秘、生命的奥秘、宇宙的奥秘一样重要。语言是我们思考与认识改造世界的第一媒介。我们思考、我们探索依靠着它。语言,给了我们思考的翅膀,而它也局限着我们思考与认知的界限。使用它、研究它、改进它,仍然是人类不可回避的问题。

奇:用计算机处理语言,貌似还有很长的路要走。

思:语言的奥秘尚未揭开,处理语言的路途也依然遥远而崎岖。从计算机、模型算法的角度研究和处理语言,有助于我们揭开更多的语言奥秘。我觉得这样的研究可以在一定程度上揭开儿童语言习得的神奇过程,且看这几年人工智能的研究热潮吧,让我们深入其中,好好探索一番。

奇:好!生命不息,探秘不止。

思:行动起来吧,咱们先去做实验,有时间、有问题再接着聊!

奇:好嘞!

# 后　记

虽有前言,后记仍在。原本笔者只想用一篇前言介绍此书的写作过程,并向师长朋友们道谢,但在付印之前,仍有话想说,于是就有了下面的文字。

后记里最想表达的仍然是感谢。如果您读完了这本书,请接受笔者最真诚的感谢!希望它没有浪费您的宝贵时间,希望能引起您的思考和对语言学的兴趣。语言学的研究,比较接近理工科,自学成才难度较大,最好还是加入某个研究团队,在师长们的指引下,通过大量的语言问题实战来提升水平,研究更难的语言问题。

如果意犹未尽,还想接着读,那可就要进入文献的海洋了。语言学的文献多如牛毛,不同语言现象、不同流派、不同方法、不同时代都有千差万别的研究论著。不想迷失,得有自己的思考。笔者的建议是,不仅要抓住语言和大脑、语言演化、多语言生活几条主线进行思考,还要结合自己打算从事的语言研究领域的基本问题来考虑,然后再去读教材和论文。自己思考之后,再读其他人的论著,就好比在和作者对话,可以有意识地去探究书中有什么观点、什么材料、怎么论证的,有什么结论、存在什么问题等。

这里还想向一系列语言学教材和论著致谢,限于文体的性质,很多启发了笔者的文献没有在本书中列出来。所以，如果观点相同、相近或相似而又未在正文引用，请原作者们海涵，可以给笔者发邮件，将来有机会撰文时会进行补充说明。

对于语言学专业的学生，在读完本书之后，仍需要回归经典文献和论文的阅读，系统地掌握语言学和计算语言学的知识技能。应参加校对的同学和出版社编辑的建议，这里也暂列一些营养丰富、可供读者进一步阅读的书，欢迎读者朋友来信补充。

**教材推荐：**

邵敬敏. 现代汉语通论[M]. 上海：上海教育出版社，2010. (这本书是现代汉语的常备课本与考研教材，知识全面系统。)

[美]维多利亚·弗罗姆金，罗伯特·罗德曼. 语言引论[M]. 王大惟，朱晓农，周晓康，陈敏哲，等译. 北京：北京大学出版社，2017. (这本书是译介国外的经典语言学概论方面的教材，内容翔实，材料丰富。)

冯志伟. 自然语言计算机形式分析的理论与方法[M]. 合肥：中国科学技术大学出版社，2017. (这本书更偏向计算语言学，介绍了传统的和现代的语言自动分析方法。)

宋继华，杨尔弘，王强军. 中文信息处理教程[M]. 北京：高等教育出版社，2011. (这本书比较系统地介绍了字符集知识和中文信息处理的诸多具体任务。)

**专著推荐：**

萨丕尔的《语言论：言语研究导读》和洪堡特《论人类语言结构的差异及其对人类精神发展的影响》，有助于我们好好体验一次语言与思维的关系的论证。

列维·布留尔的《原始思维》，是一本特别引人入胜的书，可以从中引出有关人类学、民族学、语言学的很多思考。

传记推荐：

《破解古埃及：一场激烈的智力战争》，是笔者读过的最精彩的一本关于语言学的传记作品。毫无疑问，它会极大地发掘你对语言学的兴趣。国内对于历史比较语言学介绍得还不够细致，而这本书能帮我们窥见19世纪初欧洲的语言学研究方法。那个时代有那么一些人，他们熟悉古希腊语、希伯来语、波斯语、阿拉伯语、埃及的科普特语，向古埃及文发起了一波又一波的冲击。我们原以为古埃及的口语早已消亡，但现在它却依靠科普特语（埃及教会的祈祷语言）神奇地有所变异地继承下来，加之大量的碑刻文字、纸莎草文献，这些都成为破解古埃及语言的关键，而罗塞塔石碑反而并没有想象得那么重要。埃及文字比汉字早，而大量的纸莎草文献至少比蔡伦的发明早了一两千年，这不禁令人浮想联翩。

最后感谢这四五年来支持本人科研教学工作的若干基金项目。本书在写作过程中确实受到了这些项目的资助，而且笔者在这些项目的研究过程中，加深了对语言问题的思考，促成了本书的写作和出版。下面按照与本书的相关程度、贡献力度排序如下：

（1）教育部人文社会科学研究青年基金项目"汉语历时词汇数据库的构建与计量研究"，16YJC740034（对语言演化、汉语史有了更深入的思考）；

（2）国家社科基金项目"中文抽象语义库的构建及自动分析研究"，18BYY127（加深了对汉语句法语义的研究）；

（3）国家社会科学基金青年项目"词语认知属性的语言知识库建设"，10CYY021（在五年的研究过程中，对认知语义有了更深入地思考、计算与实验，本书也起笔于项目研究期间）；

(4) 国家科技支撑计划中国语言资源保护工程(总项目)子课题(受江苏省高校科技发展中心委托)"有声数据库技术工具研发",2014BAK04B02(对语音问题、语言多样性的思考更为深入);

(5) 江苏高校优势学科建设工程资助项目(出版资金与平台支持);

(6) 南京师范大学语言科技创新团队项目(平台支持);

(7) 江苏省高校哲学社会科学优秀创新团队建设项目"融合人文—教育—科技—康复的语音学交叉创新研究"(平台支持)。

最后还要感谢南京师范大学出版社的张春主任和于丽丽编辑,为我的小书在装帧设计和体例方面出谋划策,排版校对更是非常细致。按她们的话说,就是把书"打磨"得更漂亮一些。但愿这本小书能给读者带来一些阅读与思考的乐趣。

在书稿接近完成之时,为了确认此书适合本科生和研究生,特地将此书样稿拿给文学院的学生通读。他们给了我许多有益的反馈,还帮我改正了很多文字和格式问题。在此对他们的付出表示感谢,他们是:刘雪扬、银思琪、闻媛、宋丽、刘浏、刘依欢、程宁、李雅欣、徐会丹、徐红婧、闫培艺、郝星月、黄彤。特别是宋丽绘制了不少图表。

我们还专门为此书开设了一个网页 http://www.langsphere.com/explore/,用于勘误和讨论。欢迎读者朋友们致信 libin.njnu@gmail.com,指出书中的错讹,提出有意思的新话题,一起讨论语言的奥秘。

2018 年冬于金陵随园